职业院校
立体化精品
系列规划教材

U0589597

现代办公设备 使用与维护 立体化教程

侯方奎 贾如春 ◎ 主编
骆霞权 王鸿飞 张晋立 ◎ 副主编

人民邮电出版社
北 京

图书在版编目（CIP）数据

现代办公设备使用与维护立体化教程 / 侯方奎，贾如春主编. -- 北京 : 人民邮电出版社，2015.2
职业院校立体化精品系列规划教材
ISBN 978-7-115-37339-7

Ⅰ. ①现… Ⅱ. ①侯… ②贾… Ⅲ. ①办公设备—使用方法—高等职业教育—教材②办公设备—维修—高等职业教育—教材 Ⅳ. ①C931.4

中国版本图书馆CIP数据核字(2015)第005980号

内 容 提 要

　　本书主要讲解现代化办公设备使用与维护的基础、办公计算机设备、办公打印设备、办公复印设备、办公通信设备、办公光电设备、办公影像设备、办公存储设备、办公安防设备、其他一些办公常用设备等知识。

　　本书采用项目式、分任务讲解，每个任务主要由任务目标、相关知识、任务实施3个部分组成，然后再进行强化实训。每章最后还有常见疑难解析，并安排了相应的练习和实践。本书着重于对学生实际应用能力的培养，将职业场景引入课堂教学，因此可以让学生提前进入工作的角色。

　　本书适合作为职业院校文秘专业及计算机应用等相关专业的教材，也可作为各类社会培训学校相关专业的教材，同时还可供对办公设备感兴趣的初学者和办公人员自学使用。

◆ 主　　编　侯方奎　贾如春
　　副 主 编　骆霞权　王鸿飞　张晋立
　　责任编辑　王　平
　　责任印制　杨林杰

◆ 人民邮电出版社出版发行　　北京市丰台区成寿寺路 11 号
　　邮编　100164　电子邮件　315@ptpress.com.cn
　　网址　http://www.ptpress.com.cn
　　北京虎彩文化传播有限公司印刷

◆ 开本：787×1092　1/16
　　印张：14　　　　　　　　　　2015 年 2 月第 1 版
　　字数：311 千字　　　　　　　2024 年 8 月北京第 15 次印刷

定价：39.80 元（附光盘）

读者服务热线：(010)81055256　印装质量热线：(010)81055316
反盗版热线：(010)81055315
广告经营许可证：京东市监广登字 20170147 号

前 言 PREFACE

　　随着近年来职业教育课程改革的不断发展，计算机软硬件日新月异的升级，以及教学方式的不断改进，市场上很多教材的软件版本、硬件型号、教学结构等很多方面都已不再适应目前的教授和学习。

　　有鉴于此，我们认真总结了教材编写经验，用了2~3年的时间深入调研各地、各类职业教育学校的教材需求，组织了一批优秀的、具有丰富的教学经验和实践经验的作者团队编写了本套教材，以帮助各类职业院校快速培养优秀的技能型人才。

　　本着"工学结合"的原则，我们在教学方法、教学内容和教学资源3个方面体现出了自己的特色。

教学方法

　　本书精心设计"情景导入→任务讲解→上机实训→常见疑难解析与拓展→课后练习"5段教学法，将职业场景引入课堂教学，激发学生的学习兴趣；然后在任务的驱动下，实现"做中学，做中教"的教学理念；最后有针对性地解答常见问题，并通过练习全方位帮助学生提升专业技能。

- **情景导入**：以情景对话方式引入项目主题，介绍相关知识点在实际工作中的应用情况及其与前后知识点之间的联系，让学生了解学习这些知识点的必要性和重要性。

- **任务讲解**：以实践为主，强调"应用"。每个任务先指出要做一个什么样的实例，制作的思路是怎样的，需要用到哪些知识点，然后讲解完成该实例必备的基础知识，最后以步骤详细讲解任务的实施过程。讲解过程中穿插有"操作提示""知识补充"2个小栏目。

- **上机实训**：结合任务讲解的内容和实际工作需要给出操作要求，提供适当的操作思路及步骤提示供参考，要求学生独立完成操作，充分训练学生的动手能力。

- **常见疑难解析与拓展**：精选出学生在实际操作和学习中经常会遇到的问题并进行答疑解惑，通过拓展知识版块，学生可以深入、综合地了解一些应用知识。

- **课后练习**：结合该项目内容给出难度适中的上机操作题，通过练习，学生可以强化巩固所学知识，能够温故而知新。

教学内容

　　本书的教学目标是循序渐进地帮助学生掌握各种常用的现代办公设备的基本操作，掌握这些办公设备的选购、维护和排除常见故障的基本方法。全书共10个项目，可分为如下几个方面的内容。

- **项目一**：主要讲解构建现代办公系统、现代办公用电及安全、现代办公设备维护基础等知识。

● **项目二至项目九**：主要讲解现代办公的计算机设备、打印设备、复印设备、通信设备、光电设备、影像设备、存储设备和安防设备的具体知识。

● **项目十**：主要讲解其他一些现代办公设备的相关知识。

 教学资源

本书的教学资源包括以下两方面的内容。

（1）教学资源包

教学资源包中包含图书中各章节实训及习题的操作演示动画、模拟试题库、PPT教案以及教学教案（备课教案、Word文档）4个方面的内容。模拟试题库中含有丰富的关于现代办公设备使用与维护的相关试题，包括选择题、多项选择题、判断题和简答题多种题型，读者可自动组合出不同的试卷进行测试。另外，还提供了两套完整模拟试题，以便读者测试和练习。

（2）教学扩展包

教学扩展包中包括方便教学的拓展资源以及每年定期更新的现代办公设备最新资讯两个方面的内容。其中拓展资源中提供了相关的办公设备使用视频。

特别提醒：上述第（1）、（2）教学资源可访问人民邮电出版社教学服务与资源网（http://www.ptpedu.com.cn）搜索下载，或者发电子邮件至dxbook@qq.com索取。

本书由侯方奎、贾如春任主编，骆霞权、王鸿飞和张晋立任副主编。虽然编者在编写本书的过程中倾注了大量心血，但恐百密之中仍有疏漏，恳请广大读者不吝赐教。

编者

2014年8月

目 录 CONTENTS

2

目录

项目七　办公影像设备　137

项目八　办公存储设备　159

项目九　办公安防设备　179

项目十　其他办公设备　197

6

项目一
现代办公设备使用与维护基础

情景导入

阿秀：小白，今天是你第一天上班，你先熟悉一下公司的办公环境，了解一下公司的各种办公设备。

小白：公司的办公设备真先进，计算机、打印机、复印机、传真机……公司的办公设备太多了，还有好几个我都叫不出名字。

阿秀：这就是现代化的办公，这些就是现代化的办公设备，你需要学习的东西还很多。

小白：那就麻烦阿秀你帮助我了。

阿秀：好吧，我们今天就从一些基础知识开始学习吧。

学习目标

- 了解现代办公的概念
- 认识各种办公设备
- 了解现代办公用电安全
- 了解办公维护

技能目标

- 了解常见办公设备的作用
- 掌握办公设备测试与维护方法
- 熟悉办公维护与测试工具

任务一 构建现代办公系统

办公是人们生活中的重要组成部分，现代办公则是由多种设备和操作共同构建的人类办公系统。下面具体介绍构建现代办公系统的相关知识。

一、任务目标

本任务将了解现代办公的概念，然后学习现代办公系统的功能和设备的相关知识，最后了解如何构建现代办公系统。通过本任务的学习，可以了解各种常见的现代办公设备，同时对现代办公系统有一个基本的了解，为后面的各种办公设备使用与维护打下坚实的基础。

二、相关知识

（一）现代办公概述

随着时代不断地发展，无论是政府机关，还是企业机构，只有拥有现代化的办公条件，才能借助各种现代办公设备解决对各种办公业务的处理，达到提高工作效率和质量，以及方便管理和决策的目的。

1. 认识现代办公

现代办公通常被称为办公自动化（Office Automation，OA），它利用先进的技术和设备，使人们的各种办公业务活动由各种设备和各种人机信息系统来协助完成，达到充分利用信息，提高工作效率和工作质量，以及提高生产率的目的。20世纪70年代未80年代初办公自动化在我国被提出，至今已有近三十多年的发展历史。由于办公自动化技术的不断发展，办公自动化新设备的不断出现，办公自动化的内涵也在不断地丰富和发展。

现代的办公自动化系统的观点认为，办公实际上是人与人、人与部门、部门之间信息的共享、交换、组织、分类、传递及处理的协调，从而达到整体目标的过程。传统的办公自动化多是指文字处理系统、轻印刷系统、文档管理系统，无法实现信息的共享、交换、传递，无法实现单位、企业内部的协调，难以对非文本如声频、视频、图形、OLE对象、扫描图像等多媒体信息、超文本信息进行有效处理。

2. 现代办公的特点

办公自动化是信息革命的产物，也是社会信息化的重要技术保证，具有如下特点。

- 办公自动化是当前国际上飞速发展的一门综合多种技术的新型学科。
- 办公自动化是一个人机信息系统。
- 办公自动化将办公信息实现了一体化处理。
- 办公自动化的目标是为了提高办公效率和质量。

3. 现代办公的发展趋势

现代办公的实现不仅仅是取代秘书的部分工作，它更将引起办公制度、工作方式、办公流程、传统习惯、工作环境和决策进程等方面的深刻变革，使办公行为科学化、规范化和标准化。各国的经验表明，国家经济现代化必须依赖各级管理水平的提高和办公的自动化。因此，办公自动化必将对我国整个社会生活产生深刻的影响。目前，我国的办公自动化系统正朝着集成化、网络化、多媒体和智能化的国际水平发展。

（二）常见现代办公设备

现代办公设备泛指与办公室相关的设备，有广义概念和狭义概念的区分。狭义概念指多用于办公室处理文件的设备，如传真机、打印机、复印机、投影仪、碎纸机、扫描仪、电话机等，还有台式计算机、笔记本电脑、考勤机、装订机等。广义概念则泛指所有可以用于办公室工作的设备和器具，这些设备和器具在其他领域也被广泛应用，包括移动电话、程控交换机、小型服务器、计算器等。下面先来认识这些常见的设备。

- **办公计算机设备**：计算机（俗称电脑）是办公自动化的一名主角，在办公自动化系统中，处于核心地位。计算机的种类很多，办公室最常用的是台式计算机、笔记本电脑、平板电脑，如图1-1所示。

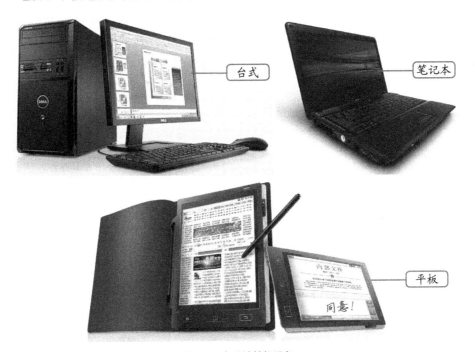

图1-1 办公计算机设备

- **办公打印设备**：打印是指把计算机或其他电子设备中的文字或图片等可见数据，通过打印机输出在纸张等记录物上。打印机是专业的打印设备，办公中常用的打印机类型包括针式打印机、喷墨打印机、激光打印机3种，如图1-2所示。

知识补充

自从"低碳办公"这个概念被提出后，打印机厂商不断推出新技术，尽力在"节能"字眼上做文章，如省墨技术、双面打印（省纸）、节省能耗等。在打印办公设备中，喷墨打印机是耗电量最小的；相比之下，激光产品就属于耗电大户，普通的激光打印机的功耗大概是喷墨产品的几十倍。而在所有的办公设备中，数码复印机工作中的瞬时功率可达到1000W以上，能耗最高。因此，节能已经成为现代办公的主要发展方向。

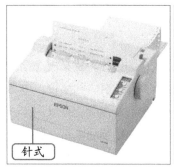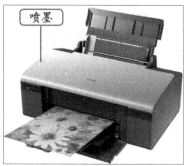

图1-2　办公打印设备

● **办公复印设备**：随着现代科技的进步，复印的水平也越来越高，如高速数码快速复印、彩色复印打印、数码快印、图文处理、电子扫描、电脑刻绘、CAD出图、氨水晒图、工程图纸复印、返二底图、数码印刷、高清晰度图文电子扫描、图纸矢量化、专业制作国际通用的电子文档、叠图装订等，这些都属于复印的范畴。办公中常用的复印设备主要有数码复印机和一体化速印机两种，如图1-3所示。

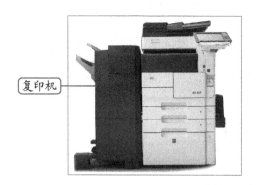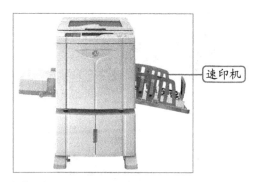

图1-3　办公复印设备

● **办公通信设备**：现代办公中需要利用通信设备传送消息或音讯，常用的通信设备有电话机、传真机、移动电话等，如图1-4所示。

图1-4　办公通信设备

● **办公光电设备**：现代办公中常用的光电设备主要有扫描仪、投影仪、视频展示台等，它们主要的功能是在办公中进行数字信号和光电信号的转换，如图1-5所示。

图1-5　办公光电设备

● **办公影像设备**：现代办公中经常需要将一些影像拍摄并保存下来，在适当的时候再进行播放。常用的办公影像设备主要有摄像机、数码相机、影碟机等，如图1-6所示。

图1-6　办公影像设备

● **办公存储设备**：现代办公中的常用存储设备主要有U盘、移动硬盘、刻录机等，其主要功能是保存办公中的各种重要数据，如图1-7所示。

图1-7　办公存储设备

● **办公安防设备**：安防是指做好准备和保护，以应付攻击或者避免受害，从而使被保护对象处于没有危险、不受侵害、不出现事故的安全状态。安防主要包括视频监控系统、入侵报警系统、出入口控制系统、电子巡更系统、防爆系统、可视对讲系统6大子系统。办公中的安防设备则主要包括UPS电源、考勤机、摄像头等，如图1-8所示。

● **其他办公设备**：现代办公中还需要用到一些设备，如装订机、碎纸机、录音笔、验钞机、音响等，如图1-9所示。

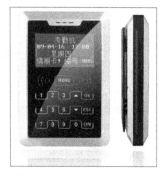

UPS电源

摄像头

图1-8　办公安防设备

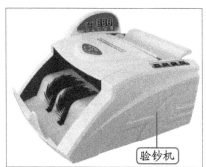
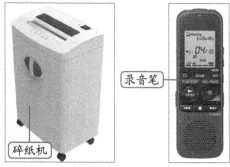

验钞机

碎纸机

录音笔

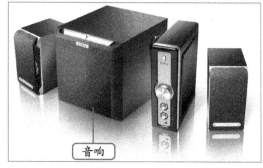

装订机

音响

图1-9　其他办公设备

（三）现代办公系统的构建

现代办公系统是利用技术的手段提高办公的效率，进而实现办公自动化处理的系统。它采用Internet/Intranet技术，基于工作流的概念，使企业内部人员方便快捷地共享信息，高效地协同工作；改变过去复杂、低效的手动办公方式，实现迅速、全方位的信息采集、信息处理，为企业的管理和决策提供科学的依据，深受众多企业的青睐。

1. 现代办公系统的基本功能

现代办公系统的基本功能主要有以下4个方面。

● 文件阅读、文件批示、文件处理、文件存档等事务。

● 草拟文件、制订计划、起草报告、编制报表、资料整理、文档记录、文件打印等事务。

● 文件收发、保存、复制、检索、电报、电传、传真等事务。

● 会议、汇报、报告、讨论、命令、指示、谈话等事务。

2. 现代办公系统的层次

一般来说，一个较完整的办公自动化系统应当包括信息采集、信息加工、信息转输、信息保存4个环节。办公自动化一般可分为3个层次：事务型、管理型、决策型。

● **事务型办公系统**：事务工作是整个办公活动的基础，也是研究办公活动的切入点，包括文字处理、个人日程管理、行文管理、邮件处理、人事管理、资源管理，以及其他有关机关行政事务处理等，其构成如图1-10所示。

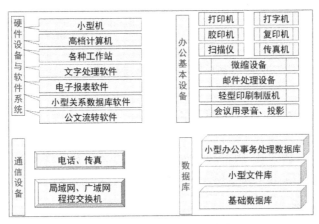

图1-10　事务型办公系统构成

● **管理型办公系统**：管理型为中间层，它包含事务型。管理型系统是支持各种办公事务处理活动的办公系统与支持管理控制活动的管理信息系统相结合的办公系统，其构成如图1-11所示。

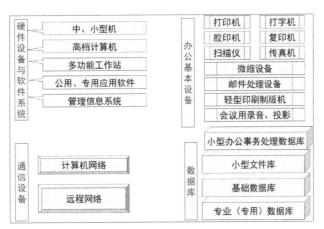

图1-11　管理型办公系统构成

● **决策型办公系统**：决策型为最高层，它以事务型和管理型办公系统的大量数据为基础，同时又以其自有的决策模型为支持。决策层办公系统是上述系统的再结合，具有决策或辅助决策功能的最高级系统，其构成如图1-12所示。

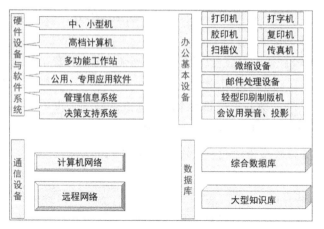

图1-12　决策型办公系统构成

任务二　现代办公用电及安全

现代办公离不开电能的使用，几乎所有的现代办公设备都需要使用电能进行驱动，所以，了解安全用电的相关知识对于现代办公具有十分重要的意义。

一、任务目标

本任务将首先认识电能，然后学习安全用电的方法，最后了解办公中安全用电的技能。通过本任务的学习，可以掌握现代办公中安全用电的相关知识。

二、相关知识

（一）认识电

实质上，电是一种能量，通常称为电能，它可由其他一次能源转化而来，同时又可以转化为其他形式的能源供人们生产使用。而且电能具有清洁、环保、易于输送等优点。它的广泛应用形成了人类近代史上第二次技术革命，有力地推动了人类社会的发展，给人类创造了巨大的财富，改善了人类的生活。

如果在生产和工作中不注意安全用电，会带来灾害，如触电可造成人身伤亡，设备漏电产生的电火花可能酿成火灾、爆炸。

（二）用电方法

日常生活和工作中，瞬间断电或电源电压波动较大的情况时有发生，这对各种用电设备是一个威胁。若停电后又在短时间（3～5min）内恢复供电，设备所承受的启动电流要比正常启动电流大好几倍，可能会烧毁设备，所以应该学会正确的用电方法。

1. 认识常见安全用电标志

明确统一的标志是保证用电安全的一项重要措施，标志分为颜色标志和图形标志两种。颜色标志常用来区分各种不同性质、不同用途的导线，或用来表示某处安全程度；图形标志一般用来告诫人们不要去接近有危险的场所。我国安全色标采用的标准基本上与国际标准草案（ISD）相同。一般采用的安全色有以下几种，如图1-13所示。

图1-13　常见用电安全标志

- **红色**：用来标志禁止、停止和消防，如信号灯、信号旗、机器上的紧急停机按钮等都是用红色来表示"禁止"的信息。
- **黄色**：用来标志注意危险，如"当心触电""注意安全"等。
- **绿色**：用来标志安全无事，如"在此工作""已接地"等。
- **蓝色**：用来标志强制执行，如"必须带安全帽"等。
- **黑色**：用来标志图像、文字符号和警告标志的几何图形。

2. 安全用电的注意事项

生活和工作中的电器设备太多，有必要掌握一些最基本的安全用电常识。

- 认识了解电源总开关，学会在紧急情况下切断总电源。
- 不用手或导电物（如铁丝、钉子、别针等金属制品）去接触、探试电源插座内部。
- 不用湿手触摸电器，不用湿布擦拭电器。
- 电器使用完毕后应拔掉电源插头。插拔电源插头时不要用力拉拽电线，以防止电线的绝缘层受损造成触电；电线的绝缘皮剥落，要及时更换新线或用绝缘胶布包好。
- 发现有人触电，要设法及时关断电源；或者用干燥的木棍等物将触电者与带电的电器分开，不要用手去直接救人；如果无法自己处理，应呼喊其他人相助。
- 不随意拆卸、安装电源线路、插座、插头等。

（三）办公安全用电

如今的办公室中除了各种专业办公设备外，还有空调、饮水机、各式充电器等用电设备，给工作带来方便快捷的同时，也埋下了电器火灾的隐患。作为现代社会里的职场人士，应树立安全意识，懂得安全知识，掌握安全技能。为此，办公用电要注意以下几点。

- 因办公室电器多用插座供电，使用时切忌同时插用的电器过多，以免造成插座、插头啮合不良发热失火。
- 不能只使用最方便顺手的某些墙体插座，闲置其他墙体插座，造成常用的插座电线加速老化，甚至因电流过载导致火灾或爆炸。
- 便携式电器一般体积较小，散热性差，容易产生自燃事故。使用时应远离桌面、台布等可燃物体，并随时查看其工作温度。

- 将智能电器的电源管理设成省电模式，不用时自动"休眠"降低功耗，避免产生火灾隐患。不要让电器长时间待机，否则容易造成电器损坏或诱发火灾。
- 下班勿忘关闭电器开关，最好每个办公室设置一个双连开关，下班时随手切断室内电源。
- 不要堆放杂物阻塞楼梯、门及消防通道，电线及电话线应放置在远离通道的地方，以免绊倒通过的人。
- 办公室不要存放过量的易燃物品，切勿堵塞救火设备，应学习如何使用紧急救火设备，如灭火器等。

对于每一个办公人员，还需要注意以下几点个人安全用电规范。

- 下班后，关闭显示器和主机电源。
- 中午休息将显示器关闭。
- 严禁私自使用接线板及私带电器，有要求使用时，与管理部门联系测试，合格后才能使用。
- 电源线路有问题时，应及时与管理部门联系。
- 保持电源插座附近的整洁。

任务三 现代办公设备维护基础

现代办公设备的维护包含维修和保养两个部分的工作，维护的目的是防止设备性能劣化或降低设备失效的概率。

一、任务目标

本任务将首先了解现代办公设备维护的基础知识，然后了解常见的办公设备维护工具，最后学习维护与测试的方法。通过本任务的学习，可以了解办公设备维护的基础知识，为后面具体维护和保养这些办公设备打下良好的基础。

二、相关知识

（一）认识设备维护

办公设备维护就是针对办公设备，按事先规定的计划或相应技术条件的规定进行的技术管理措施。

1. 维护的方式

如果只是在当问题出现时才着手进行设备维护，就会导致生产能力和品质低下，失去竞争力。因此就有必要提前将维护保养的一些基本思路决定下来，基本方式有如下几种。

- **事后维护**：就是等到设备坏了再修理，因为修理作业的发生如果是突发性的话，要事前立计划是很难的，所以可以采用事后维护方案。
- **预防维护**：这种方法是在设备发生故障之前进行维护，是为了防止设备的突发故障造成的停机而采取的一种方法。预防维护的间隔时间根据设备的规模或寿命等来定，可以一年一次、每半年一次、一月一次、一周一次进行定期点检或是修理。

● **维护预防**：为了从根本上降低设备的维护费用，制造不需要维护的设备或是购入时就考虑维护因素，这种方法能最大限度达到设备的运行、维护的顺利和经济。

● **预知维护**：对设备的劣化状况或性能状况进行诊断，然后在诊断状况的基础上开展保养、维护活动，需要尽量正确并且高精度地把握好设备的劣化状况。

> **知识补充**　对设备劣化状态进行观测、在真正需要维护的必要时候实施维护，被称为状态基准（监视）维护。随着对设备的状况进行定量的把握和设备故障诊断技术的提高，最近产生一种从根据设备的状态为基准进行判断和对策过渡到以时间进行点检和修理的维护方式，这种以时间为基准的维护方式叫做时间基准维护或是计划维护。

2. 维护措施

为了保证设备维护的正常进行，需要规定一些维护措施。

● 制定设备使用程序。
● 加强按计划检修工作。
● 制定设备操作维护规程。
● 建立设备使用责任制。
● 建立设备的维护保养制度。

3. 常见维护项目

对于现代办公设备，主要有以下几个常见的维护项目。

● **清扫**：不只是设备表面，要将犄角旮旯清扫干净，让设备、工装的磨损、噪声、松动、变形、渗漏等缺陷暴露出来，及时排除。

● **润滑**：少油、缺脂会造成润滑不良，使设备运转不正常，部分零件过度磨损，温度过高造成硬度、耐磨性减低，甚至形成热疲劳和晶粒粗大的损坏。应定时、定量、定质及时加油、加脂。

● **紧固**：紧固螺栓、螺母，避免部件松动、震动、滑动、脱落而造成的故障。

（二）认识设备维护工具

对现代办公设备进行维护，需要很多维护的工具，通常将其分为拆装工具、清洁工具、检测工具、焊接工具、辅助工具5种类型。

1. 拆装工具

在对办公设备进行维护时，通常需要拆卸设备外壳，甚至是分离电路板，这时就需要使用拆装工具。常见的拆装工具主要是螺丝刀和钳子。

● **螺丝刀**：其主要功能是用来拆装办公设备外壳、功能部件及电路板上的固定螺丝。办公设备种类繁多，使用的固定螺丝也不同，需要使用与之相配的螺丝刀。图1-14所示为实际维护中常用的螺丝刀套件，其中有多个不同大小和类型的螺丝刀头，可以更换使用。

● **钳子**：主要用来拆卸办公设备内部连接线及需要断开的引线。常用的有斜口钳（拆卸线束）和尖嘴钳（夹取压力辊等）两种，如图1-15所示。

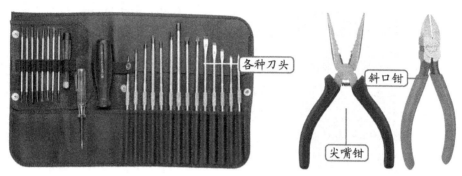

图1-14　螺丝刀套件　　　　　　　　　　　图1-15　钳子

操作提示　　　　需要注意的是，设备维护时，应尽量采用带有磁性的螺丝刀，以便拆卸和安装螺丝时更加方便。

2. 清洁工具

灰尘是所有办公设备的主要"敌人"，所以清洁工具是设备维护时最常用的工具。

● **清洁刷**：主要用来清理办公设备内部的灰尘，便于对设备的内部组件或电路进行维修，如图1-16所示。

● **吹气球**：也被称为皮老虎、气吹，是一种清除灰尘的工具。使用时，将气口对准要吹气的地方，压缩球体，球体内的空气成一股气流冲出，起到清洁作用，如图1-17所示。

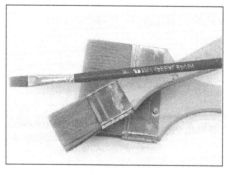　　　　

图1-16　清洁刷　　　　　　　　　　　图1-17　吹气球

● **吸尘器**：主要用来清理办公设备内部大量的墨粉和灰尘。普通家用吸尘器就能作为办公设备的维护工具，如图1-18所示。

● **手提式电动吹风机（鼓风机）**：也是一种清理办公设备内部灰尘的工具，但主要清理的是设备的外部，且最好在室外使用，如图1-19所示。

图1-18 便携式吸尘器　　　　　　　　　　图1-19 吹风机

知识补充

在日常办公中，也可以使用家用电吹风代替吹风机进行维护操作。

● **清洁剂和酒精**：主要用来清洁办公设备中的玻璃稿台、反光镜、镜头、打印头、激光组件、充电辊等较精密的组件，如图1-20所示。

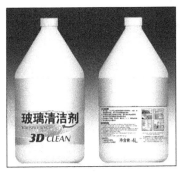

图1-20 清洁剂和酒精

3. 检测工具

检测工具的用途主要是在追查故障线索、检测元器件性能等方面。常见的检测工具主要是万用表和示波器。

● **万用表**：主要用途是检测电路是否存在短路或断路故障、电路中元器件性能是否良好、供电条件是否满足等。图1-21所示为常见的数字式万用表和指针式万用表。

操作提示

使用万用表测量电压或电流时，要先对万用表进行挡位和量程的设置调整，然后再进行实际测量。测量时，通常习惯将万用表的红色表笔连接正极端，将黑色表笔连接负极端。

● **示波器**：在办公设备的维护中，使用示波器可以方便、快捷、准确地检测出各关键测试点的相关信号，并以波形的形式显示在示波器的屏幕中。维护人员可以通过观测各种信号的波形判断出故障点或故障范围，这也是维修办公设备内部电路板时最便捷的检修方式之一。示波器售价较高，通常为专业维修人员使用，如图1-22所示。

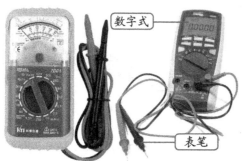
图1-21 万用表

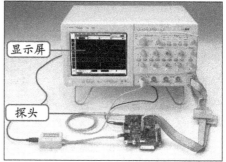
图1-22 示波器

4. 焊接工具

焊接工具的用途主要是办公设备元器件的拆装、代换方面。常见的焊接工具主要是电烙铁、吸锡器、焊接辅料。

● **电烙铁**：主要用途是对办公设备内部电路板的元器件进行拆焊或焊接操作，如图1-23所示。

● **吸锡器**：主要用途是在取下办公设备电路板中元器件时，吸除引脚上和焊点周围的多余焊锡，如图1-24所示。

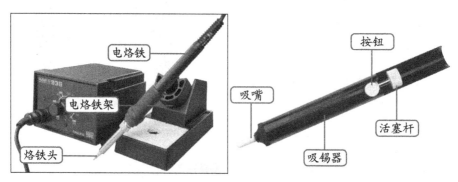

图1-23 电烙铁

图1-24 吸锡器

操作提示

电烙铁使用完毕后，应立即切断电源，并将其放置于电烙铁架上，自然冷却，不能随意乱放，因为即使切断电源，电烙铁头的温度仍然很高，极易引发烫伤或火灾等事故。

● **焊接辅料**：常用的焊接辅料包括焊锡丝、焊膏、松香，如图1-25所示。焊锡丝的作用是在熔化时能在被焊金属表面形成合金，而将被焊金属连接到一起；松香的作用则是在焊接后形成膜层，覆盖和保护焊点不被氧化；焊膏则提供粘接作用，在形成永久合金前，使用焊膏可以使元件保持在焊盘上，而无需再加其他的粘接剂。

知识补充

在维修办公设备时，较常使用的焊接工具还有热风焊机，它是一种专门用于拆焊、焊接贴片元件和贴片集成电路的焊接工具。

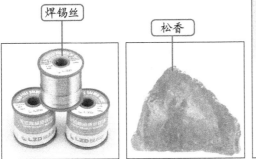

图1-25 焊接辅料

5. 辅助工具

办公设备进行维护时，可能还会用到一些其他的工具，提高维护操作的效率。

● **镊子：**主要用途是在维护办公设备时，夹取卡住的杂物（如螺丝、纸屑），还可以使用镊子夹取色带盒内的色带盒导线，便于装配和安装，如图1-26所示。

● **注射器：**主要用途是使用注射器针管吸取酒精，对办公设备的精密部件（如打印头、激光头）进行喷射冲洗，或者将夹缝中的污物冲出，如图1-27所示。

● **润滑油和润滑硅脂：**主要用途是起到润滑的作用。润滑硅脂主要用于对办公设备齿轮的润滑，润滑油主要用于办公设备的各种轨道结合处的润滑，如图1-28所示。

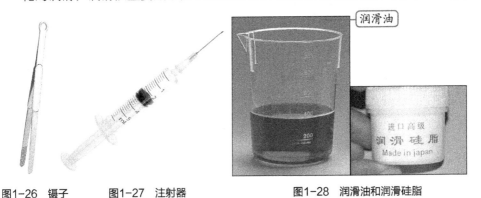

图1-26 镊子   图1-27 注射器   图1-28 润滑油和润滑硅脂

（三）了解故障测试方法

在办公设备出现故障后，第一件事就是检测故障产生的原因，以便后面的故障排除。常用的故障测试方法主要有以下几种。

1. 直接观察法

直接观察法是通过用眼睛看、用耳朵听、用鼻子闻和用手摸等手段来判断产生办公设备故障的位置和原因。

● **看：**这里的看主要是指在故障出现后，观察设备各部件是否在正常工作，看的目的是为了找到故障产生的原因。首先观察办公设备的各连线与接口连接是否正常，若连接正常，则说明办公设备内部出现故障；若不正常应重新进行连接，排除故障。然后观察办公设备的工作情况，先推断出办公设备的大致故障范围，再对可能损坏的部件进行检修，从而大大提高检修效率。最后观察办公设备的输出品质，根据具体情况判断故障现象的类型，从而快速查找故障点。

- **听**：很多办公设备出现故障时，很可能会出现异常的声音。通过听电源的风扇、纸盒、压力辊等部件工作时产生的声音，也可以判断是否产生故障及产生的原因。另外，如果电路发生短路，也会发出异常的声音。
- **闻**：有时办公设备出现故障，并且有烧焦的气味，这种情况说明某个电子元件已被烧毁，应尽快根据发出气味的地方确定故障区域并排除故障。
- **摸**：用手触摸办公设备元器件表面的温度来判断元件是否正常工作、板卡是否安装到位和是否出现接触不良等现象，从而判断故障原因。

2. 替换法

替换法是一种通过使用相同或相近型号的电路板或电气元器件，以及外部设备等部件，替换原来的部件以分析和排除故障的方法。替换部件后如故障消失，就表示被替换的部件存在问题。替换的方法主要有以下两种情况。

- 将办公设备元器件替换到另一台运行正常的设备上试用。如果正常，说明这一设备元器件没有问题；如果不正常，说明这一设备元器件可能有问题。
- 用另一个确认是正常的同型号的设备元器件替换本设备中可能出现故障的元器件。如果使用正常，说明该部件出现了故障；如果故障依旧，说明问题不在该元器件上。

3. 对比法

对比法是指同时运行两台型号相同或类似的设备，比较正常设备与故障设备在执行相同操作时的不同表现或各自的设置来判断故障产生的原因。这种方法在企业或单位的办公设备出现故障时比较常用，因为企业或单位可能购买多台相同型号的设备。

4. 测试法

在办公设备的故障排除中，对电压和电阻进行测量也可以判断相应的部件是否存在故障。对电压和电阻的测量可以使用万用表或示波器，如果测量出某个元件的电压或电阻不正常，说明该元件可能存在故障。

实训——安装打印机

【实训要求】

使用办公设备前，需要将机器安装调试好，下面就将新购买的一台打印机进行拆箱，并安装好机器和驱动程序。

【实训思路】

完成本实训需要先将打印机进行拆箱，然后安装打印机，最后安装驱动程序。本实训的思路如图1-29所示。

【步骤提示】

STEP 1 拆开打印机包装时，检查纸箱中的各种部件是否齐全。

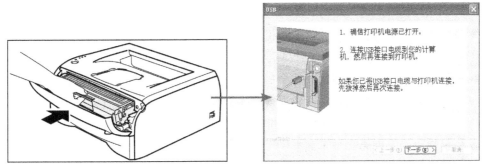

图1-29　安装打印机的思路

STEP 2 打开打印机前盖，拆开硒鼓单元组件，将其轻轻地左右摇晃数次，使墨粉在组件内均匀分布，将硒鼓单元装回打印机，然后合上打印机前盖。

STEP 3 将纸盒完全从打印机中抽出，按下导纸释放杆时，请滑动调节器以适合纸张大小。检查导纸板是否已牢固地位于滑槽中，充分散开纸叠以避免不进纸和卡纸错误，将纸张装入纸盒。检查纸盒中的纸张是否平整，并位于最大限量标记之下。将纸盒牢固地装回打印机。检查其是否完全在打印机中。

STEP 4 关闭打印机电源开关。确认打印机的前盖是否关闭，并把交流电源线插入到打印机。按住启动按钮打开电源开关，所有指示灯亮，一直按运行按钮直到就绪，再一次按运行按钮，打印机打印测试页。

STEP 5 确保USB接口电缆没有连接到打印机上后，开始在计算机上安装驱动程序，将驱动程序光盘放入光驱，单击"安装打印机驱动程序"相关的按钮，遵循屏幕提示操作完成驱动安装。

常见疑难解析

问：听说有一种文件整理设备也属于现代办公设备的一种，主要包括哪些设备呢？

答：分页机、裁切机、装订机、打孔机、折页机、封装机等都属于这种类型。随着技术进步和办公室工作细化而对产品不断提出新的要求，各类新型办公设备产品层出不穷。

问：经常听说办公中要使用各种办公耗材，这种东西是什么？

答：办公耗材是指日常办公时使用的消耗性产品，根据所依赖的设备、使用用途及耗材本身的种类等有不同的分类方法。常见的耗材有硒鼓、粉仓、墨盒、色带框和色带、碳带、各种纸张、刻录盘片、碳粉、墨水、U盘、计数芯片、打印机传输组件、感光鼓、刮板、定影膜等。

拓展知识

1. 了解办公设备的常见故障

现代办公设备的故障主要表现在整机工作异常、成像品质差、输纸异常、传真通信不良

4个方面。

- **整机工作异常**：主要表现为设备不开机、开机无反应、操作按键失灵、显示异常、数据传输异常、报警错误、计算机不识别办公设备等。

- **成像品质差**：主要表现为图像全白或全黑、垂直黑线或白线、重影、图像模糊、拖尾、纸张掉粉、脏污、色彩错误或丢失、打印字符在随机位置丢点、打印字符丢失一行一行的点、打印文本两行之间有额外的空白等。

- **输纸异常**：主要表现为不输纸、卡纸、输纸歪斜、纸张卷入加热辊、多页进纸、打印纸皱褶等。

- **传真通信不良**：主要表现为不能发送传真、不能接收传真、不能自动接收传真、不能手动接收传真、传真只能发送、传真只能接收。

2. **现代办公设备的特征**

现代办公设备有以下几种特征。

- **彩色化**：越来越多的办公文件是以图文混排的方式进行排版的，黑白的文件已无法满足办公需要。因此，彩色喷墨打印机、彩色激光打印机、彩色热升华打印机、彩色数码复印机在未来的几年内必定会成为办公文印市场的主角。

- **多功能**：一台办公设备具有多种功能，已经是购买一台机器的最少要求；同时可以网络打印、复印、传真、电邮、扫描的机器越来越受顾客的喜爱。

- **高速化**：如果有大批量的印务，肯定会购买高速设备，并且要求首张复印或打印的速度在5s之内，因为顾客没有太多耐心。

- **网络化**：人们越来越相信网络，越来越依赖网络，如果一台办公设备不可以进行网络传输，它的命运只能是被淘汰。

课后练习

（1）根据本课所学的知识，为学校综合办公楼设计一个办公设备系统。

（2）通过实物认识和了解各种办公设备。

（3）安装各种办公设备。

入/输出卡、硬盘驱动器、光盘驱动器和电源等部件提供安装支架。图2-1所示为机箱的外观和内部结构图。

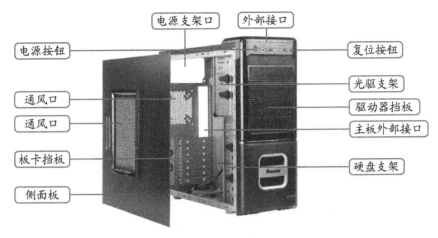

图2-1 机箱的结构

● **机箱的正面接口和面板**：许多机箱都在正面的面板上设置了音频插孔和USB接口，以及各种电源按钮，有的机箱还在面板上添加了液晶显示屏，实时显示机箱内部的各种信息，如图2-2所示。

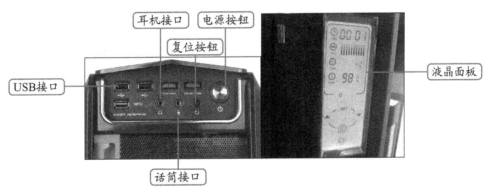

图2-2 机箱的正面接口和面板

知识补充　　　不同主机正面的按钮和指示灯的形状及位置可能不同，复位按钮一般有"Reset"字样；电源开关一般都有"⏻"标记或"Power"字样；电源指示灯在开机后一直显示为绿色；通常机箱正面也会有硬盘工作指示灯，只有在对硬盘进行读写操作时才会亮起，显示为红色。

● **机箱的背部接口**：机箱背部接口主要包括电源接口、主板对外接口、显卡接口3种类型。电源接口主要是连接主机电源线的，如图2-3所示；显卡接口则主要连接显示器，如图2-4所示；主板对外接口会使用不同的颜色表示不同的接口，如图2-5所示，其主要作用是连接计算机的各种硬件设备。

图2-3　电源接口

图2-4　显卡背后的各种显示器接口

图2-5　主板对外接口

知识补充　　PS/2接口主要用于连接键盘和鼠标，通常蓝色为键盘接口，绿色为鼠标接口；RJ45接口也就是网络接口，主要用来连接网线；音频接口中绿色的是音频输出接口，红色的是耳机连接接口。

● **主机内部结构**：主机是机箱和安装在机箱内的计算机硬件的集合，主要由CPU、主板、内存、显卡、硬盘、光盘驱动器、主机电源和主机机箱8个部件组成，如图2-6所示，图中的CPU被风扇所覆盖，并没有显示出来。

图2-6　主机内部结构

● **显示器结构**：显示器是计算机的主要输出设备，它的作用是将显卡输出的信号（模拟信号或数字信号）以肉眼可见的形式表现出来。目前办公中常用的显示器是液晶显示器，如图2-7所示。

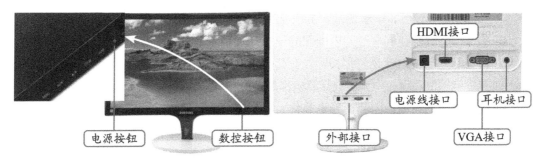

图2-7 液晶显示器结构

● **鼠标结构**：鼠标是计算机的两大输入设备之一，通过鼠标可完成单击、双击和选定等一系列操作。图2-8所示为鼠标的结构。

图2-8 鼠标的结构

● **键盘**：键盘是计算机的另一输入设备，主要进行文字输入和快捷操作。虽然现在键盘的很多操作都可由鼠标或手写板等设备完成，但在文字输入方面的方便快捷性决定了键盘仍然占有重要位置，并能够满足人们的使用需求，如图2-9所示。

图2-9 键盘的结构

（二）台式机的主要性能指标

台式计算机功能的强弱或性能的好坏不是由某项指标决定的，而是由它的系统结构、指令系统、硬件组成、软件配置等多方面的因素综合决定的。但作为办公使用的计算机，可以从以下几个指标来大体评价其性能。

● **运算速度**：运算速度是衡量计算机性能的一项重要指标。通常所说的计算机运算速度（平均运算速度），是指每秒钟所能执行的指令条数。计算机一般采用CPU主频来描述运算速度，一般说来，主频越高，运算速度就越快。

- **字长**：计算机在同一时间内处理的一组二进制数称为一个计算机的"字"，而这组二进制数的位数就是"字长"。在其他指标相同时，字长越大，计算机处理数据的速度就越快。现在的大多数计算机都是32位和64位的。

- **内存储器的容量**：内存储器也简称主存，是CPU可以直接访问的存储器，需要执行的程序与需要处理的数据就是存放在主存中的，主要指计算机的内存。可以简单认为内存容量越大，系统功能就越强大，能处理的数据量就越庞大。

- **外存储器的容量**：外存储器容量通常是指硬盘容量（包括内置硬盘和移动硬盘等）。外存储器容量越大，可存储的信息就越多，可安装的应用软件就越丰富。

知识补充　　台式机还有其他一些指标，如所配置的各种硬件的性能指标和系统软件的情况等。另外，各项指标之间也不是彼此孤立的，在实际应用时，应该把它们综合起来考虑，而且还要遵循"性能价格比（性价比）"的原则。

（三）选购台式机

选购办公用的台式机，除了主要的性能指标，还需要考虑的因素就是性价比的问题，即能完成各种普通的办公操作，又能最大限度地节约企业的资金。因此，选购办公台式机主要是选购品牌机还是兼容机的问题。这两种计算机各有优点，应该进行比较，根据需要选购。

- **兼容性与稳定性**：每一台出厂的品牌机都是经过严格测试的，因此其稳定性和兼容性都有保障，很少会出现硬件不兼容的现象。而兼容机是在成百上千种的配件中选取其中的一些来组成的，无法保证足够的兼容性。因此在兼容性和稳定性方面品牌机占优。

- **产品搭配灵活性**：产品的灵活性也就是配件选择的自由程度这个方面，兼容机就具有品牌机不可比拟的优势。由于不少用户装机有特殊要求，例如根据专业应用要突出计算机某一方面的性能，因此可以由用户自行选件，由经销商帮助组装。品牌机的生产数量往往都是万件以上，绝对不可能因为个别用户的要求，专门为其变更配置生产出一台计算机。因此在产品搭配灵活性方面兼容机占优。

- **价格比较**：价格上，同配置的兼容机往往要比品牌机便宜几百元甚至数千元，差距主要是由于品牌机内包括了正版软件捆绑费用及厂家的售后服务费用。另外，购买兼容机还有一点好处是可以协商价格，比品牌机要灵活很多。

- **售后服务**：品牌机的服务质量是毋庸质疑的，一般厂商都提供1年上门、3年质保的服务，并且有800免费技术支持电话，以及12/24h紧急上门服务。兼容机在这方面不如品牌机，一般只有1年的质保，且几乎都不提供上门服务。

- **安全性**：对于中小企业用户来说，系统安全至关重要，一方面要避免由于病毒、误操作等带来的系统崩溃，另一方面又要考虑重要资料的数据安全。品牌商用计算机的设计中考虑到了企业的应用需求，都采用先进的系统安全保护技术，既保护数据安全，又降低了维护成本。从这一个方面来看，品牌机拥有绝对的优势。

三、任务实施

（一）使用台式机

下面以启动计算机并打开写字板程序，然后关闭计算机为例，介绍台式计算机的使用过程，其具体操作如下。

STEP 1 将电源插线板的插头插入交流电插座中，如图2-10所示。

STEP 2 将主机电源线插头插入插线板中，用同样的方法插好显示器电源线插头，打开插线板上的电源开关，如图2-11所示。

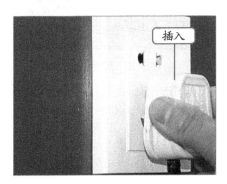
图2-10　连接插线板

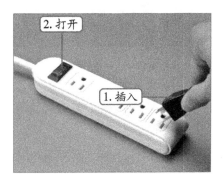
图2-11　连接台式机电源

操作提示　由于主机箱和显示器都有单独的电源线，所以插线板至少要有两个三相插座。如果还要连接打印机或扫描仪等外部设备，则需更多的三相插座。

STEP 3 在主机箱后的电源处找到开关，按下为主机通电，如图2-12所示。

STEP 4 找到显示器的电源开关，按下接通电源，如图2-13所示。

图2-12　打开主机电源

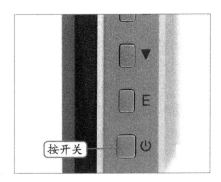
图2-13　打开显示器电源

知识补充　现在大部分的电脑电源都具备电源开关，只有将其打开才能为主机供电。开关上的"O"表示打开；"—"表示关闭。

STEP 5 按下机箱上的电源开关，启动计算机，如图2-14所示。

STEP 6 计算机开始对硬件进行检测，并在显示器上显示检测结果，如图2-15所示。

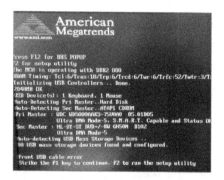

图2-14 启动计算机   图2-15 系统自检

STEP 7 启动操作系统，进入操作系统界面，单击桌面左下角的 ▣开始 按钮，在打开的"开始"菜单中选择【所有程序】/【附件】/【写字板】菜单命令，如图2-16所示。

STEP 8 启动写字板程序，其界面如图2-17所示。

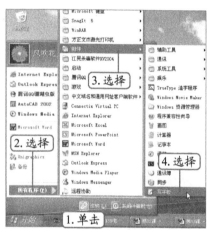

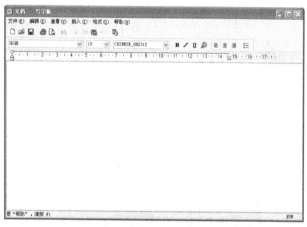

图2-16 选择启动程序   图2-17 打开写字板窗口

STEP 9 使用完计算机后，通常需要进行关闭操作，单击操作系统界面左下角的 ▣开始 按钮，在打开的"开始"菜单中单击 ⊙关闭计算机(U) 按钮，如图2-18所示。

STEP 10 打开如图2-19所示的"关闭计算机"对话框，在该对话框中单击"关闭"按钮 ⊙，计算机自动保存设置和文件后，即可退出操作系统，并关闭计算机。

操作提示   虽然计算机已经停止了工作，但仍然处于通电状态，这时需要手动关闭显示器（按一下显示器电源开关），然后关闭机箱后的电源开关，最后再拔出插线板电源插头，或者关闭插线板上的电源开关。

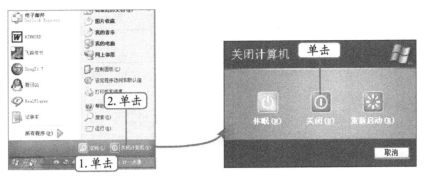

图2-18 选择操作 图2-19 关闭计算机

（二）台式机的日常维护与保养

台式机是一种机器设备，使用的时候会发生磨损，一旦磨损过大，就容易导致故障，所以需要日常的保养与维护。

1. 创造良好的工作环境

台式机对工作环境有较高的要求，长期工作在恶劣环境中很容易使台式机出现故障。因此，对于台式机的工作环境，有以下几点要求。

- **做好防静电工作**：静电有可能造成台式机中各种芯片的损坏，为防止静电造成的损害，使用台式机前应用手接触暖气管或水管等可以放电的物体，放掉身体的静电。
- **预防震动和噪声**：震动和噪声会造成台式机内部件的损坏（如硬盘损坏或数据丢失等），因此不能工作在震动和噪声很大的环境中，如确实需要将其放置在震动和噪声大的环境中，应考虑安装防震和隔音设备。
- **小心过高的工作温度**：台式机应工作在20℃~25℃的环境中，过高的温度会使台式机在工作时产生的热量散不出去，轻则缩短使用寿命，重则烧毁芯片。因此最好在放置台式机的房间安装空调，以保证正常运行时所需的环境温度。
- **小心过高的工作湿度**：湿度不能过高，台式机在工作状态下应保持通风良好，否则主机内的电路板容易腐蚀，使板卡过早老化。
- **防止灰尘过多**：如果在较多灰尘的环境中工作，就可能堵塞台式机的各种接口，使其不能正常工作。因此，不要将台式机置于灰尘过多的环境中。另外，最好每月清理一次机箱内部的灰尘，做好清洁工作，以保证其正常运行。
- **保证台式机的工作电源稳定**：电压不稳容易对台式机的电路和部件造成损害，由于市电供应存在高峰期和低谷期，电压经常波动，在这样的环境下，最好配备稳压器，以保证正常工作所需的稳定电源。

2. 摆放台式机

台式机的安放位置也比较重要，在日常维护中，应该注意以下几点。

- 主机的安放应当平稳，并保留必要的工作空间，用于放置磁盘、光盘等常用配件。
- 要调整好显示器的高度，位置应保持显示器上边与视线基本平行，太高或太低都容易使操作者疲劳。图2-20所示为显示器的摆放位置。

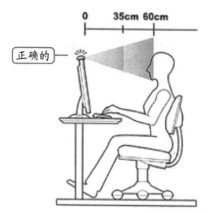

图2-20　正确和错误的显示器摆放位置

● 当台式机停止工作时，最好能盖上防尘罩，防止灰尘的侵袭，但在台式机正常使用的情况下，一定要将防尘罩拿下来，以保证散热。

软件故障在台式机故障中所占比例很大，特别是频繁地安装和卸载软件会产生大量的垃圾文件，降低计算机的运行速度，因此软件也需经常进行维护，软件维护主要是通过系统安全软件进行的，如"360安全卫士"等。

（三）排除台式机常见故障

台式机一旦出现故障，品牌机最好由该产品的专业维修人员进行排除，一些常见的小故障则可以由使用人员自己排除。表2-1为台式机常见故障的排除方法。

表 2-1　排除台式机常见故障

故障现象	故障分析	故障排除
死机	内存条松动、虚焊或内存芯片质量问题	重插内存或更换内存
	内存容量太小导致无法正常处理数据	增加内存容量
	显示器、电源、CPU工作时发热量非常大	增大散热功率或停止工作一段时间
	硬盘老化或使用不当造成坏道、坏扇区	更换硬盘，修复或屏蔽坏道
	灰尘过多导致散热不良	清理灰尘
	使用质量低劣的硬件	更换正品硬件
蓝屏	程序出错	重新启动计算机
	显示蓝屏停机码	网上查询停机码，并找到解决方案
	安装了新硬件	重新安装硬件或更换
自动重启	劣质电源，或电源供电不足	更换大功率新电源
	内存芯片轻微损坏或热稳定性不强	更换内存，或使用专业维修
	CPU散热不良或缓存损坏	增大散热功率或更换CPU
	台式机外接设备故障或与台式机不兼容	重新连接外部设备或更换设备
	机箱外部的重启按钮故障	更换重启按钮或断开该按钮连接

任务二 使用与维护笔记本电脑

笔记本电脑是计算机的一种类型，与台式机相比，其体积更小，便携性强，更加适合移动办公时使用。下面具体介绍其使用和维护方法。

一、任务目标

本任务将认识常见的笔记本电脑，然后学习选购、使用、维护笔记本电脑的相关知识。通过本任务的学习，可以掌握笔记本电脑的基本操作，同时对选购和维护笔记本电脑有一个基本的了解，并能排除笔记本电脑的常见故障。

二、相关知识

（一）认识笔记本电脑

笔记本电脑的英文名称为NoteBook，也称手提电脑或膝上型电脑，是一种小型、可携带的计算机，通常重1~3kg，下面就来认识笔记本电脑。

1. 主要类型

从用途上可将笔记本电脑分为商务型、时尚型、多媒体应用、特殊用途4种类型。

● **商务型**：特点为移动性强、电池续航时间长，是现代办公中使用的主要类型。

● **时尚型**：拥有时尚轻薄的外观，也可以在办公中使用。

● **多媒体应用型**：有较强的图形、图像处理能力和多媒体的能力，尤其是播放能力，并有较大的屏幕，在一些专业办公领域也有应用。

● **特殊用途型**：是服务于专业人士，可以在酷暑、严寒、低气压、高海拔、强辐射、战争等恶劣环境下使用的机型。

2. 主要结构

笔记本电脑的整体设计非常紧凑，它将液晶显示屏、键盘、触摸板及主机部分全部集成在了一起，其结构主要分为以下几个部分。

● **顶部和底部**：从整体上看，笔记本电脑的液晶显示器和主机部分采用翻盖式设计，使得整个计算机好像一本书一样可以随意"展开"和"闭合"，如图2-21所示。

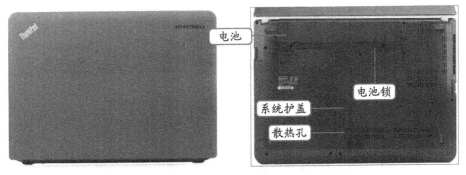

图2-21 笔记本电脑的顶部和底部结构

● **键盘面**：笔记本电脑的键盘、触摸板、电源开关、状态指示灯都位于笔记本电脑键盘面，如图2-22所示，其下方就是主机。

图2-22　笔记本电脑的键盘面结构

● **侧面**：笔记本电脑的侧面主要是各种接口，包括视频接口、音频接口、USB接口、电源接口、其他扩展设备接口，以及光驱等，如图2-23所示。

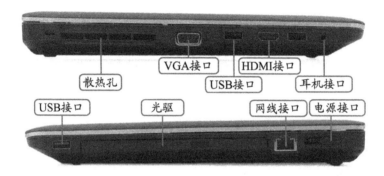

图2-23　笔记本电脑侧面结构

知识补充　有些笔记本电脑具有闭锁显示屏的功能，在显示屏前面有锁扣；在主机前面有锁扣盒，有些机型甚至还有红外接口和读卡器的接口。

● **正面和背面**：笔记本电脑背面主要是电池，可能有电源接口、USB接口，正面通常只有指示灯，如图2-24所示。

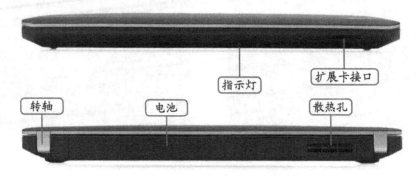

图2-24　笔记本电脑正面和背面结构

笔记本电脑的品牌、型号不同，其内部组件的位置也不尽相同，故各部分结构也可能不同。因此，除主机和显示屏位置外，其他部件的位置也不是唯一的，整机结构及组件分布在笔记本电脑附带的说明书中都可找到。

（二）笔记本电脑的主要性能指标

笔记本电脑的性能指标主要由CPU、内存、硬盘、显卡这几个硬件的性能决定。

- **CPU**：笔记本电脑专用的CPU（Mobile CPU，移动CPU），其制造工艺往往比台式机CPU更加先进，在降低发热量和耗电量的同时尽量达到高性能。
- **内存**：由于笔记本电脑整合性高，对于内存的要求比较高，笔记本内存需采用优质的元件和先进的工艺，拥有体积小、容量大、速度快、耗电低、散热好等特性。
- **硬盘**：笔记本硬盘通常为2.5英寸，体积比台式机的小，但笔记本硬盘转速主流为5400r/min，通常比主流台式机的（7200r/min）慢。
- **显卡**：笔记本电脑领域通常是集成显卡和独立显卡平分市场，对于普通办公，集成显卡已经足够胜任。
- **显示屏**：笔记本电脑的显示屏可以说是最重要的部件之一，显示屏的尺寸直接影响了笔记本电脑体积的大小。而显示屏还是笔记本电脑的耗电大户，它的功耗也决定了不使用外接电源条件下笔记本的使用时间。
- **机壳材料**：笔记本电脑的外壳既是保护机体的最直接的部件，也是影响其散热效果、重量、美观度的重要因素。常见的外壳材料有工程塑料（成本低，散热性差，强度比较差，比较重）、铝镁合金（散热性好，强度有提高，价格适中，容易掉色和磨损）、碳纤维（比镁铝合金强度更好，外形比较单一）、钛合金（集中了所有材料的优点，但太贵）。

由于笔记本电脑体积较小，所以良好的散热对于其正常工作有非常重要的意义，散热性也可以看作笔记本电脑的重要性能指标之一。

（三）选购笔记本电脑

在购买笔记本电脑之前，应先确定主要需求，然后根据自身情况，选择合理的配置。这里提出几点注意事项，供选购笔记本电脑时参考。

1. 根据自身需求选择产品配置

首先，笔记本电脑"越轻就越高级，配置越全就越方便"的观念是选购笔记本电脑的一个误区。随着市场的不断细分，为了体现产品的多样性和个性化，许多生产厂商把笔记本电脑产品线进行了详细划分。选购笔记本电脑前，先想好自己的需求和工作环境——是经常携带，还是两点一线，是只用来办公打字，还是想玩游戏，是注重多媒体性能，还是更加看重数据的安全和稳定。明确自己的需求之后，就会更加清楚自己应该关注哪些特性的产品，做到既不奢侈浪费，也不会在使用中感到笔记本电脑力不从心。

2. 售后服务是关键

除了质量上的保证，售后服务对于笔记本电脑来说也是至关重要。因为笔记本电脑和家用电器一样是不能够自行拆开进行维修的，所以在选购笔记本电脑时一定要注意了解产品售后服务的具体内容，如保修期时间、维修点位置、额外维修项目等问题。通常正规厂商大多提供1年的免费更换部件，或3年的有限售后服务。但需要注意：有的厂商提供的保修不一致，如笔记本电脑保修3年，但其中的光驱保修1年，在选购时一定要确认相关信息。

3. 相信品牌

笔记本电脑的主流品牌包括联想、戴尔、惠普、华硕、宏基等，价格、配置、质量、做工这些因素比较均衡；还有一些品牌（如方正、清华紫光、神舟）在同样的配置下，价格较低，但质量和做工有一定偏差。

三、任务实施

（一）使用笔记本电脑

笔记本电脑的使用与台式机有比较大的区别，因为它的操作主要通过触控板进行。下面介绍启动笔记本电脑并使用触控板的操作方法，其具体操作如下。

STEP 1 启动笔记本电脑，按下【Fn+F6】组合键关闭触摸板，再次按下【Fn+F6】组合键就开启了，如图2-25所示。

图2-25 开启触摸板

操作提示　　图2-25中的【F6】键右下角有个触摸板的符号，在不同的笔记本电脑中，开启和关闭触摸板的按键可能不同，通常在【F1】~【F12】之中。且现在具有开启和关闭触摸板按键的笔记本电脑较少，通常需要使用软件进行控制。

STEP 2 用一个指头轻轻在触摸板区域滑动就带动鼠标移动，如图2-26所示。

STEP 3 在触摸板区域轻轻连续点击两下，或者连按触摸板区域下面的左键两下，就能起到双击鼠标的作用，如图2-27所示。

STEP 4 按触摸板区域下面的右键，就能起到右击鼠标的作用，如图2-28所示。

STEP 5 指尖沿着触摸区域右侧的直线，从上向下或从下向上滑动，就能起到滚动鼠标滑轮的作用，如图2-29所示。

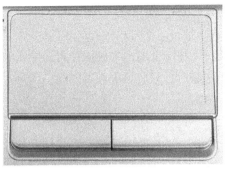

图2-26 移动鼠标

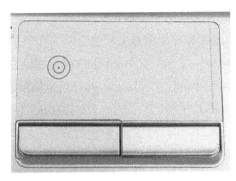

图2-27 双击鼠标

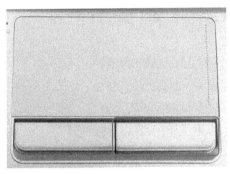

图2-28 右击鼠标

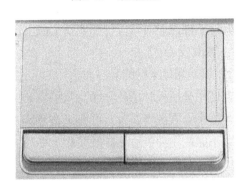

图2-29 滚动鼠标

STEP 6 把鼠标移到要拖曳的目标上，按下左键不动，另一手指在触摸板上移动将带动目标移动。或者连续两次点击触摸板，但在第二次时停留在触摸板上滑动手指将带动目标移动，就能起到利用鼠标移动对象的作用。

操作提示 触摸板并不能完全代替鼠标的作用，笔记本电脑连接鼠标，只需要通过USB接口进行即可，连接好后，系统会自动安装驱动程序，即可在笔记本电脑上使用鼠标。

（二）笔记本电脑的日常维护与保养

笔记本电脑的日常维护与保养主要是对一些重要部件的维护与保养，如下所示。

1. 液晶显示屏

液晶显示屏的维护与保养主要包含以下几个方面。

● 长时间不使用电脑时，可暂时关闭显示屏，除了节省电力外也可延长屏幕寿命。

● 不能用力盖上液晶显示屏屏幕上盖或是放置任何异物在键盘及显示屏之间，避免上盖玻璃因重压而导致内部组件损坏。

● 不能用手指甲及尖锐的物品（硬物）碰触屏幕表面，以免刮伤。

● 液晶显示屏幕表面会因静电而吸附灰尘，建议购买液晶显示屏幕专用擦拭布来清洁屏幕，请勿用手指拍除以免留下指纹，并请轻轻擦拭。

● 请勿使用化学清洁剂擦拭屏幕。

2. 电池

电池的维护与保养主要包含以下几个方面。

- 电池工作温度不易超过30℃，温度过高或过低将降低电池的使用时间。
- 在不能提供稳定电源的环境下使用笔记本电脑时，最好不要取下电池。
- 建议平均3个月进行一次电池电力校正的操作。

3. 键盘

键盘的维护与保养主要是清洁其中的灰尘。

- 可用小毛刷来清洁缝隙，或是使用吹气球将灰尘吹出，也可以使用掌上型吸尘器来清除键盘上的灰尘和碎屑。
- 清洁键盘表面时，可在软布上沾上少许清洁剂，在关机的情况下轻轻擦拭。

4. 触摸板

触摸板是笔记本电脑最容易损坏的部件，一定要认真维护和保养。

- 使用触摸板时请务必保持双手清洁，以免发生光标乱跑的现象。
- 不小心弄脏表面时，可将干布沾湿一角轻轻擦拭触摸板表面。
- 不能使用尖锐物品在触摸板上书写，也不可重压使用，以免造成损坏。

5. 清除笔记本电脑内部灰尘

清除笔记本电脑内部的灰尘，主要是清除CPU散热器和风扇，以及散热孔上的灰尘，其具体操作如下。

STEP 1 在清理灰尘前，首先需要将笔记本电脑的电池取出。同时按下底部的电池锁，向外将电池取出，如图2-30所示，并且将外接电源的插头拔掉，防止短路。

STEP 2 使用十字螺丝刀将笔记本背部散热器模块后面的螺丝拆开，如图2-31所示。

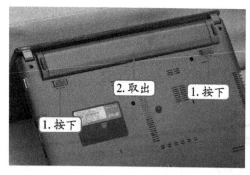

图2-30　取出电池

图2-31　拆开后盖

操作提示　　清理笔记本电脑内部灰尘其实就是清理笔记本电脑CPU散热器模块的灰尘，因为这块是散热最多，也是最容易进灰尘的地方。清理时，只要找到笔记本电脑的散热出风口位置即可知道CPU散热模块的方位了。

STEP 3 拆开CPU散热器模块的后盖后，再用螺丝刀将笔记本的散热器、散热风扇拆下来清理，如图2-32所示，一般灰尘不多的笔记本电脑也可以只拆下散热风扇。

STEP 4 当将散热器和散热风扇螺丝全拆掉后，首先将散热风扇的供电4针接头小心拔出来，如图2-33所示。

图2-32 拆卸散热器

图2-33 拔出供电接头

STEP 5 清理散热器，可以使用小毛刷清理，如图2-34所示，也可以使用自来水冲洗（但冲洗后一定要完全晾干后才能重新使用）。

STEP 6 清理散热风扇，可以使用电吹风将内部的灰尘吹出，一般用小刷子扫干净就行，如图2-35所示，如果有润滑油，也可以把扇叶拿下来，并加点儿润滑油润滑。

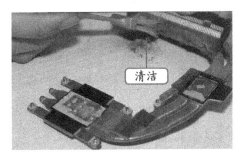

图2-34 清理散热器

图2-35 清理散热风扇

STEP 7 清理完笔记本电脑外盖内部的灰尘，重新安装CPU散热风扇和散热器。

STEP 8 重新安装外盖，注意先开机检查笔记本电脑是否正常，以及用手放在散热出风口感觉一下散热风扇是否在转，如果一切正常，即可结束清洁工作。

（三）排除笔记本电脑常见故障

笔记本电脑的故障通常应该由专业维修人员进行排除，一些常见的小故障则可以由使用人员自己排除。表2-2为笔记本电脑常见故障的排除方法。

表2-2 排除笔记本电脑常见故障

故障现象	故障分析与排除
不加电（电源指示灯不亮）	检查外接适配器是否与笔记本正确连接，外接适配器是否工作正常
	如果使用电池，检查电池型号是否为原配；电池是否充满电；电池安装是否正确
电源指示灯亮但系统不运行，显示屏也无显示	按住电源开关并持续4s来关闭电源，再重新启动检查是否启动正常
	检查内存是否插接牢靠

故障现象	故障分析与排除
无显示	通过状态指示灯检查系统是否处于休眠状态，如果是休眠状态，按电源键唤醒
	检查是否加入电源
电池电量在操作系统中识别不正常	确认电源管理功能在操作系统中启动并且设置正确
	将电池充电 3h 后再使用
	在操作系统中将电池充放电两次
	更换电池
触摸板不工作	检查是否有外置鼠标接入，并用鼠标测试程序检测是否正常

任务三　使用与维护平板电脑

平板电脑是新型的计算机，其体积更小，携带更方便，使用它来连接显示设备进行操作和演示，在办公中比笔记本电脑更加方便。下面具体介绍其使用和维护方法。

一、任务目标

本任务将认识常见的平板电脑，然后学习选购、使用、维护平板电脑的相关知识。通过本任务的学习，可以掌握平板电脑的基本操作，同时对选购和维护平板电脑有一个基本的了解，并能排除平板电脑的常见故障。

二、相关知识

（一）认识平板电脑

平板电脑（Tablet Personal Computer，Tablet PC），是一种小型、方便携带、无需翻盖、没有键盘，且功能完整的个人电脑，以触摸屏作为基本的输入设备，允许用户通过触控笔或数字笔（而不是传统的键盘或鼠标）来进行操作。

1. 主要特性

相对于台式机和笔记本电脑，平板电脑主要有以下特性。

● **外观独特**：平板电脑在外观上就像一个单独的液晶显示屏，只是比一般的显示屏要厚一些，只配置了硬盘等必要的硬件设备。

● **便携**：它比笔记本电脑体积更小，质量更小，甚至可直接装入衣服口袋。

● **功能强大**：具有数字墨水和手写识别输入功能，以及强大的触控笔输入识别、语音识别、手势识别能力，且具有移动性。

● **数字笔记**：可当作普通的笔记本，随时记事，创建自己的文本、图表、图片。

● **安全保护**：对关键数据可进行最高等级保护，其安全特性包括加密文件、访问控制等。

2. 主要结构

平板电脑的整体设计比笔记本电脑更加紧凑，其结构主要分为以下几个部分。

● **正面和背面**：平板电脑的外观更加简单，整个设备的正面就是一个触摸式的显示屏，背面则是外壳，如图2-36所示。

图2-36　平板电脑的正面和背面结构

● **侧面**：平板电脑的侧面主要是各种接口，包括USB接口、电源接口、扩展设备接口、音频接口，以及电源按钮等，如图2-37所示。

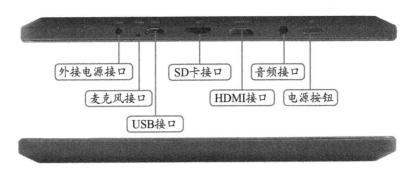

图2-37　平板电脑侧面结构

知识补充　　有些平板电脑的外部结构更加简单，只有电源按钮、音量按钮、音频接口、外部多用途接口4种。

● **上边和下边**：平板电脑的上边和下边主要是音量调节键和连接外部键盘的接口，如图2-38所示。

图2-38　平板电脑的上边和下边结构

（二）平板电脑的主要性能指标

平板电脑的主要性能指标有以下几项，在选购时一定要认真对比。

- **主控芯片和主频**：主控芯片相当于平板电脑的大脑和心脏，品牌也比较多，现在主流平板电脑的主频应该都在1GHz以上。
- **RAM芯片**：通常称之为缓存，相当于计算机中的内存。它的容量主流应该在1GB以上；类型DDR2和mDDR都不错，如果是DDR3就更好。
- **ROM芯片**：相当于计算机的硬盘，一般来说平板电脑的ROM会比较小，但是可以扩展，正常可扩展为16GB或32GB。
- **触摸屏**：主要涉及分辨率和材质，主流分辨率为1280×800。材质上，IPS材质最好，但价格较高；中低端平板电脑多用TFT材质。

（三）选购平板电脑

选购平板电脑首先应该对比主要的性能指标，然后注意以下几个方面的内容。

1. 产品外观及工艺

平板电脑多用于办公和家庭娱乐，外观和制作工艺可以作为选购时考虑的主要因素。

- 平板电脑是一款时尚产品，外观是否有质感、有品位，工艺是否精细是很重要的。
- 产品上是否有明确的品牌、型号等标注，有些产品上没有明确的产品品牌、型号，这样的产品本身就违反了国家相关法律规定，因此在选择此类平板电脑时应慎重。

2. 产品硬件配置及性能

除了主要的性能指标，还应注意以下两个方面的因素。

- 注意内存和ROM的区别，有些销售商误导消费者，当顾客问平板电脑的内存是多少时，很多销售人员回答8G或16G（这是ROM的容量），其实这是一种误导。
- 平板电脑有电阻屏和电容屏两种屏幕，其性能和制作成本是完全不同的。消费者在购买平板电脑时，应重点考虑电容屏，电阻屏应该被淘汰了。

3. 试用

对实际样品进行操作体验，主要包括以下几个方面：触摸屏操作是否流畅，3D游戏及重力感应是否流畅、灵敏，能否流畅播放1080P高清电影，色彩清晰，试听音质效果。

三、任务实施

（一）使用平板电脑

平板电脑的操作比较简单，通常是通过手指触摸进行。下面以联想的Miix平板电脑为例进行讲解，其具体操作如下。

STEP 1 使用手指在平板电脑屏幕上的某个项目上点击一下，可以执行一项操作，如启动应用程序、打开链接或执行命令，如图2-39所示，其功能类似于单击鼠标左键。

STEP 2 在平板电脑屏幕上的某个项目上按下手指并保持一段时间，可打开一个有更多选项的菜单，如图2-40所示，类似于单击鼠标右键。

图2-39　点击操作

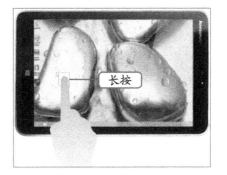
图2-40　长按操作

知识补充　和普通计算机相同，平板电脑中也需要运行操作系统，主要有Android、iOS、Windows3种，Windows由于安全性较高，在办公中使用广泛。

STEP 3　按平板电脑侧面的电源按钮，启动设备，进入Windows操作系统的开始屏幕，在开始屏幕上点击桌面磁贴，如图2-41所示。

STEP 4　进入Windows桌面，在其中就可以进行各种操作，与在台式机和笔记本电脑中使用的操作系统完全相同，如图2-42所示。

操作提示　为了方便平板电脑的使用，Windows操作系统提供了搜索、共享、开始、设备、设置5个超级按钮。为众多基本任务提供了执行方式，无论用户当前正在使用哪个应用程序，这些超级按钮将始终可用。显示方法为使用一个手指从屏幕右边缘向中间滑动，直到显示超级按钮栏，如图2-43所示。

图2-41　打开开始屏幕

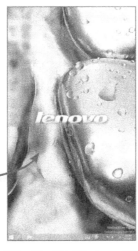
图2-42　进入Windows桌面

图2-43　显示超级按钮

（二）平板电脑的日常维护与保养

平板电脑比其他类型的计算机更轻薄，集成度更高，更加需要日常维护与保养。

1. 散热

平板电脑散热性比其他类型的计算机都好，但需要注意，将平板电脑放置在柔软的物品上，如床上、沙发上，有可能会堵住散热孔而影响散热效果进而降低运作效能，甚至死机。

2. 保护显示屏

平板电脑的显示屏非常脆弱，需要重点保护，其主要方法与维护笔记本电脑的显示屏完全相同，这里不再赘述。

3. 维护电池

电池的维护与保养与笔记本电脑相同，另外还需注意以下两个方面。

● 当无外接电源的情况下，倘若当时的工作状况暂时用不到外接设备，建议先将外接设备移除，以延长电池使用时间。

● 在可提供稳定电源的环境下使用平板电脑时，当电池电力充满之后，最好关闭充电电路，防止发生过充的现象。

4. 维护机身

由于平板电脑的机身比较脆弱，也属于重点维护的对象。

● 累积灰尘时，可用小毛刷来清洁缝隙，或是使用吹气球将灰尘吹出，或使用掌上型吸尘器来清除缝隙里的灰尘。

● 尽量在平稳的状况下使用，避免在容易晃动的地点操作平板电脑。

● 清洁表面，可在软布上沾上少许清洁剂，在关机的情况下轻轻擦拭机器表面。

5. 其他组件的保养

对于平板电脑其他组件的保养主要包括以下几个步骤。

STEP 1 关闭电源并移除外接电源线，拆除内接电池及所有的外接设备连接线，如图2-44所示。

STEP 2 用小吸尘器将连接头、键盘缝隙等部位的灰尘吸除。

STEP 3 用干布略为沾湿再轻轻擦拭机壳表面，请注意千万不要将任何清洁剂滴入机器内部，以避免电路短路烧毁。图2-45所示为使用滚筒清洁器清洁机壳灰尘。

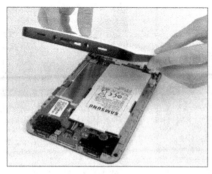

图2-44　拆除电池　　　　　　　　　　图2-45　清洁机壳灰尘

STEP 4 等待平板电脑完全干透才能开启电源。

（三）排除平板电脑常见故障

通常一些常见故障可以由使用者自己排除。表2-3为平板电脑常见故障的排除方法。

表2-3　排除平板电脑常见故障

故障现象	故障分析与排除
打开平板电脑时，屏幕上没有显示任何内容	交流电源适配器已连接至平板电脑，且电源线插头已插入工作正常的电源插座
	平板电脑电源已开启。再次按电源按钮按 2s 加以确认
	按住电源按钮 10s 强制关闭平板电脑，然后再按电源按钮 2s 重启平板电脑
	如果这几项都已正确设置，而平板电脑依然黑屏，只能送去维修
正在运行时出现黑屏	按电源按钮或按 Windows 按钮从睡眠模式恢复运行
显示电池电量严重不足，并立即关闭	电池电量不足。将交流电源适配器连接至平板电脑
平板电脑不能从睡眠模式返回，并且平板电脑不工作	如果平板电脑不能从睡眠模式返回，则可能是由于电池耗尽
	如果平板电脑处于睡眠模式，连接交流电源适配器，然后按 Windows 按钮或电源按钮
	如果平板电脑处于关机状态，连接交流电源适配器，然后按电源按钮恢复运行
显示屏黑屏	按电源按钮确认平板电脑是否处于睡眠模式
	确保屏幕分辨率和颜色质量设置正确
屏幕上出现不正确的字符	先确认安装和配置没有问题，然后按电源按钮 2s 开机，接着按住电源按钮 10s 强制关机，最后再按电源按钮 2s 重启平板电脑，然后使用 Push button Reset 恢复系统重置平板电脑。如果问题仍然存在，只能送去维修
平板电脑没有响应	若要关闭平板电脑，请按住电源按钮 10s 或更长时间。如果平板电脑仍然没有响应，请拔下交流电源适配器
平板电脑在电池状态图标指示电量耗尽之前即已关机	对电池进行放电并再次充电

实训一　清理台式机灰尘

【实训要求】

对于各种类型的计算机来说，台式机是最容易被灰尘污染的，所以经常需要清理其中的灰尘。本实训的目标是对一台台式计算机进行一次灰尘的清理工作，通过本次操作，对台式机的硬件进行一次日常的维护，减少出现故障的概率。

【实训思路】

完成本实训主要包括拆卸计算机的各种硬件和清理灰尘两大步操作，最后再将计算机组装起来，其操作思路如图2-46所示。

图2-46　清理台式机灰尘的操作思路

【步骤提示】

STEP 1　先用螺丝刀将机箱盖拆开（也有部分可以直接用手就拆的），就可以看到机箱的"内脏"了，然后拔掉所有的插头。

STEP 2　将内存拆下来，拿起早就准备好的橡皮擦轻轻地擦拭金手指，可要注意别碰到电子元件，至于电路板部分，就动用小毛刷轻轻将灰尘扫掉。

STEP 3　接着将CPU散热器拆下，将散热片和风扇分离，拿着散热片到水龙头下冲，冲干净后用风筒吹干就行了。至于风扇，可用小毛刷加布或纸清理干净，接下来的是为风扇加油了。将风扇的不干胶撕下，往小孔中滴进一滴润滑油（注意不要加多），接着转动风扇片一会儿，以便在孔口的润滑油渗进里面，最后擦干净孔口四周的润滑油，用新的不干胶封好。需要注意的是，在清理机箱电源时，其风扇也要除尘加油。

STEP 4　如果有独立显卡，也要清理金手指。

STEP 5　对于整块主板来说，拿起小毛刷将灰尘刷掉（可别太用力），再用风筒轻吹（注意不要使用热风），最后再用吹气球做细微清理就行了。而对于那些插槽，就要用硬纸片插进去来回拖动几下，就可以达到除尘的效果。

STEP 6　对于光驱和硬盘接口，一般是不用清理的，确实脏的话就用硬纸皮清理。

STEP 7　机箱表面、键盘和显示器的外壳，需要用到酒精，用布蘸点酒精一抹而过，就什么都干净了。而键盘的键缝就不那么好清理了，慢慢地用布抹，也可用棉花签清理。

STEP 8　最后是显示器，最好用专业的清洁剂进行清理，然后用布抹干净。对于台式机主机中的各种连线和插头，最好都用布抹干净。

实训二　在计算机中安装操作系统

【实训要求】

　　所有类型的计算机都需要安装操作系统，所以学会安装操作系统对于在办公中使用计算机有很大帮助。本实训将讲解在台式机或笔记本电脑中安装操作系统的操作，帮助大家学会安装操作系统的方法。

【实训思路】

安装操作系统的步骤大致为启动计算机并放入安装光盘；设置安装分区；复制安装程序；设置安装信息；激活操作系统。本实训的思路如图2-47所示。

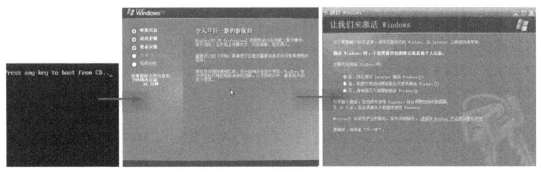

图2-47 安装操作系统的思路

【步骤提示】

STEP 1 在BIOS中设置光驱启动，将Windows XP安装光盘放入光驱并重新启动计算机。

STEP 2 打开"欢迎使用安装程序"界面，开始安装Windows XP，按照界面的提示接受许可协议，选择安装分区和文件格式，然后开始复制系统文件。

STEP 3 自动重新启动计算机后进入安装界面，按照界面的提示完成各种系统设置，包括区域和语言选项、自定义软件、产品密钥、计算机名和系统管理员密码、日期和时间、网络、工作组或计算机域、自动更新、用户等。

STEP 4 激活Windows 操作系统，完成安装操作系统的操作。

常见疑难解析

问：我们公司需要购买兼容机，主要用于日常办公，需要选购哪些必要的硬件？

答：需要选购的硬件有主板、CPU、内存、硬盘、机箱、电源、显示器、鼠标和键盘设备。对于显卡、声卡和网卡等设备，除了可以单独选购外，也可以选购自带了显卡、声卡和网卡功能的主板。

问：为什么有的机箱后部有两个电源接口，一个用于连接主机的电源，另一个有什么用？

答：在机箱后除了连接主机电源的，另一个电源是用于连接显示器的电源，但是考虑到机箱电源的功率，以及为了减轻机箱电源的负载，所以一般都将显示器直接连接在外部电源上，而将机箱后部为显示器预留的电源接口闲置。

问：计算机中安装了很多软件，一旦重装系统，会很麻烦，有没有办法解决？

答：可以利用Ghost软件，对操作盘和安装了软件的分区进行备份，一旦系统出现问题，可以对其进行还原。

问：对移动办公用户来说，选购笔记本还是平板电脑呢？

答：两个都可以，笔记本功能更强大，还能进行各种文档处理；平板电脑携带更方便，也能连接很多办公设备，选择时主要看用户的侧重点。

拓展知识

1. 笔记本和平板电脑连接无线网络

平板电脑只需要打开Wi-Fi开关，笔记本电脑则需要打开无线网卡进入无线网络模式（通常按下键盘中的启动无线网络的按键），在发现周围的无线网络名称后，选择需要连接的网络，输入密码后即可连接。

2. 其他计算机类型

随着计算机的发展，除了台式机、笔记本电脑、平板电脑外，还有一些最新的计算机类型，如下所示。

- **一体机**：一体机是由一台显示器、一个键盘和一个鼠标组成的计算机。一体机的芯片、主板与显示器集成在一起，显示器就是一台计算机，因此只要将键盘和鼠标连接到显示器上，计算机就能使用。图2-48所示为一台一体机。
- **超极本**：超极本其实依然是笔记本电脑，只是超极本是笔记本的升级版本。其两者之间的区别是，超极本采用更小巧功耗更低的超极本专用处理器；处理器低功耗，性能却不低，也就是低功耗还要高性能。另外，超极本采用了不少最新主流技术，如支持手写，触摸屏触控等功能。图2-49所示为一台超极本计算机。

图2-48　一体机

图2-49　超极本

课后练习

（1）切断台式机电源，将机箱侧面板打开，查看其中的各种硬件。

（2）为学校总务室办公选购一台笔记本电脑和一台平板电脑。

（3）对学校所有的计算机进行一次维护，清理灰尘。

（4）使用笔记本电脑连接平板电脑。

（5）为学习用的台式机重新安装最新的操作系统。

项目三 办公打印设备

情景导入

阿秀：小白，我向你邮箱里发了一份公司下个月的主要工作安排表格，你把它打印出来，粘贴在公告栏上。

小白：哦，可是我还不会使用打印机啊！

阿秀：那你把我办公室那台小型喷墨打印机拿去连接到你的计算机上，等会儿我就来教你使用打印机。

小白：喷墨打印机？打印机为什么又叫喷墨打印机？

阿秀：看来你真的不懂打印机，喷墨打印机是打印机的一种类型，还有针式打印机和激光打印机呢！公司前台那里放了一台大型的机器就是激光打印机，等会儿我也一起教你如何操作吧！

小白：那好吧，今天我就学习使用打印机的操作。

学习目标

- 认识常见的办公打印设备
- 熟悉办公打印设备的各种性能参数
- 熟悉办公打印设备的选购技巧
- 熟悉办公打印设备的常用操作

技能目标

- 掌握选购办公打印设备的方法
- 掌握使用办公打印设备的方法
- 掌握维护办公打印设备的方法

任务一 使用与维护针式打印机

针式打印机是一种特殊的打印机，与常见的喷墨、激光打印机相比，存在很大的差异，且它是其他类型的打印机不能取代的，所以针式打印机一直都广泛应用于特殊的行业用户。下面具体介绍其使用和维护方法。

一、任务目标

本任务将认识针式打印机，然后学习选购、使用、维护针式打印机的相关知识。通过本任务的学习，可以掌握针式打印机的基本操作，同时对选购和维护针式打印机有一个基本的了解，并能排除常见故障。

二、相关知识

（一）认识针式打印机

用打印针和色带以机械冲击的方式在纸张上印字的打印机就是针式打印机，针式打印机是一种典型的击打式打印机。

1. 主要特点

针式打印机最大的特点就是能完成多联纸一次性打印。由于针式打印机是通过打印头中的24根针击打复写纸，从而形成字体完成打印操作，所以，在使用中用户可以根据需求来选择多联纸张，一般常用的有2联、3联、4联、6联的打印多联纸。多联纸一次性打印只有针式打印机能够快速完成，喷墨打印机和激光打印机无法实现多联纸打印。

2. 主要用途

对于一些需要打印多联单据和用户存底的行业，如医院、银行、邮局、彩票、保险、餐饮等，针式打印机是它们的必备产品之一，为用户提供高效的服务。

3. 主要结构

针式打印机的结构比较简单，主要由控制面板和后部接口组成，下面以EPSON LQ-90KP针式打印机为例进行讲解。

● **控制面板**：图3-1所示为针式打印机的控制面板，对应名称和功能见表3-1。

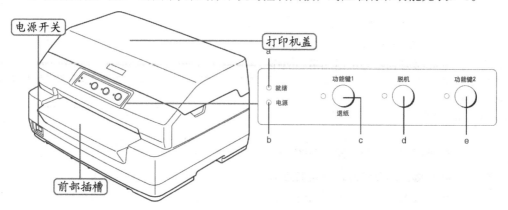

图3-1 针式打印机的控制面板

表 3-1　针式打印机控制面板

编号	名称		功能
a	就绪指示灯（黄色）		当打印机准备接收或已经接收数据时亮。 当打印操作出现错误时闪烁
b	电源指示灯（绿色）		当打印机电源开时，亮几秒钟。 打印机暂停时，此灯亮
c	功能键 1	退纸按键	当打印机在 PR2 模式中时，执行指定给退纸按键的功能。可以在 PR2 模式中通过程序指定可选的功能到此按键。 当打印机在 ESC/P 或 IBM PPDS 模式中退纸。 当打印机进入默认设置模式时，按键可以作为选择菜单的按钮。用户可以通过按下此按键选择下一个菜单
		退纸指示灯（黄色）	当打印机在 PR2 模式中，仅可进行程序设置。在 PR2 模式中，当它亮、灭或闪烁时都可进行程序设置
d	脱机按键	脱机按键	在打印机脱机和联机之间进行变换。 当打印机进入默认设置模式时，按键可用于选择菜单。用户可以通过按下此按键选择上一个菜单
		脱机指示灯（黄色）	打印机脱机时，此指示灯亮
e	功能键 2	按键	当打印机在 PR2 模式中时，执行指定给功能键 2 按键的功能。可以在 PR2 模式中通过程序指定可选的功能到此按键。 当打印机进入默认设置模式时，用户可以通过按下此按键更改设置
		指示灯（黄色）	当打印机在 PR2 模式中时，仅可进行程序设置。在 PR2 模式中，当它亮、灭或闪烁时都可进行程序设置

● **后部接口**：图3-2所示为针式打印机的后部接口。

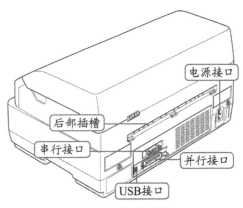

知识补充

PR2、ESC/P、IBM PPDS都是针式打印机的通信指令模式，不同的打印机其模式可能不同。

电源接口

后部插槽

串行接口

并行接口

USB接口

图3-2　针式打印机的后部接口

（二）针式打印机的主要性能指标

一般情况下，打印机厂商在产品说明书上均给出有关的技术参数和性能指标。下面对针式打印机的一些主要的技术参数和性能指标的意义进行介绍。

● **打印方式**：表示针式打印机在打印过程中所采用的模式，模式越多，用户可以选择的打印方式就越多，就可以节省时间，提高打印速度和效率。

- **打印头**：主流的针式打印机都采用24针的打印头，针的寿命为2亿次/针（好的达到4亿次/针）。另外，要注意打印机的打印点密度，点密度定义为在水平方向上每英寸打印的点数（dpi），打印质量较高的点密度可以达到360dpi。
- **打印速度**：这是点阵打印机重要的性能指标，一般只给出打印一行西文字符或中文汉字时的打印速度。主流针式打印机其打印速度一般在200字/秒以上。
- **输纸方式**：一台好的针式打印机应具备多种输纸功能，一般情况下应有连续纸输送的链轮装置，以保证输纸的精度和避免输纸过程中的偏斜。另外是否具备单页纸和卡片纸的输送能力，以及是否具备平推进纸的能力，这一点对票据打印十分重要。

（三）选购针式打印机

由于针式打印机的特殊性，选购时应该注意以下几个方面。

- **不同应用领域选择不同类型**：针式打印机分为通用针式和专用针式两大类。通用针式打印机就是最为常见的滚筒式打印机，而专用针式打印机则是指有专门用途的平推式打印机，如存折打印机、票据打印机等。
- **耐用性**：色带的寿命是用户应考虑的因素，大容量、长寿命色带能够大为降低耗材费用。影响色带寿命的原因有色带芯的质量、色带盒的大小、色带的长短等。
- **售后服务**：除去产品的品质和价格问题，厂家的售前、售中、售后服务质量往往关系到设备能否长期良好地运行，因此这也是选购时应着重考虑的一项指标。

三、任务实施

（一）使用针式打印机

在使用针式打印机的过程中，主要涉及装配和打印两项主要操作。

1. 装配打印机

下面以装配EPSON LQ-90KP针式打印机为例进行介绍，其具体操作如下。

STEP 1 确保没有连接电源，握住打印机盖的两侧并向上抬起打开它，如图3-3所示。

STEP 2 推动控制杆向前移动上部的机械装置，如图3-4所示，确保推动控制杆到锁定位置。

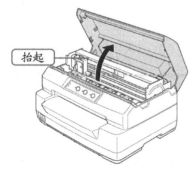

图3-3　打开机盖

图3-4　锁定控制杆

STEP 3 用手将打印头移动到打印机中间位置，如图3-5所示。

STEP 4 在打印机包装中找到色带架，将色带架的挂钩插入打印机的插槽中，按下色带架的两端，直到听到"咔嗒"声，如图3-6所示。

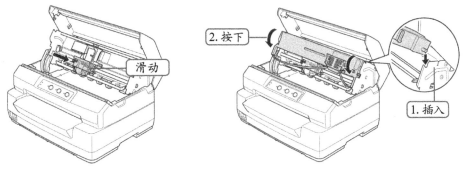

图3-5 移动打印头   图3-6 安装色带架

STEP 5 用手握住色带导轨的两侧，并向下拉，直到拉出色带，如图3-7所示。

STEP 6 将色带导轨移动到打印头的下部，向上推直到锁定位置，如图3-8所示。

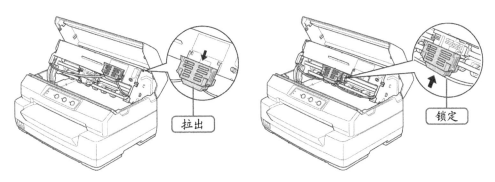

图3-7 拉出色带   图3-8 安装色带

STEP 7 旋转色带的松紧旋钮，帮助色带送入到位，如图3-9所示。

STEP 8 拉回控制杆，使上部机械装置移动到原位，如图3-10所示，确保拉动控制杆锁定到位。

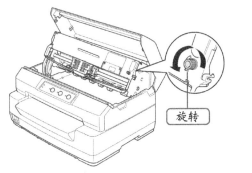
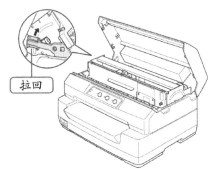

图3-9 拉紧色带   图3-10 固定色带

STEP 9 关上打印机机盖，完成安装操作。

操作提示 　在移动打印机的上部机械装置时，一定要使用拉动控制杆进行，不要使用手来拉动机械装置，因为那样容易损坏打印机。

2. 处理打印纸

使用针式打印机进行打印，这里介绍打印银行存折和打印单页纸两个操作，其具体操作如下。

STEP 1 打开银行存折需要打印的页面，确保页面的平整。

STEP 2 将银行存折可打印面朝上插入打印机的前部插槽，直到其顶部插入到压轴内部，如图3-11所示，打印机自动装入纸到正确位置，并且银行存折就绪可以打印。

STEP 3 在计算机中设置打印即可。

STEP 4 打印单页纸时，只需要将单页纸可打印面朝上插入打印机的前部插槽，直到其顶部插入到压轴内部，如图3-12所示，打印机自动装入纸到正确位置，并且单页纸就绪可以打印。

　　　　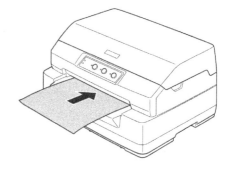

图3-11　打印银行存折　　　　　　　　图3-12　打印单页纸

（二）针式打印机的日常维护与保养

针式打印机作为办公设备同样需要日常维护与保养。

1. 日常维护与保养

针式打印机的日常维护与保养主要有以下几点要求。

- **经常清洁打印头**：长期使用的打印机，色带的油墨和污垢会堵塞了打印机的导针孔，容易造成打印机的打印针发生断针故障。因此一般在使用3个月后应考虑清洗，如果是使用频率高的打印机，在使用1个月后就要考虑清洗一次。
- **选择使用高质量的色带**：质量低的色带采用的带基会有明显的双层接头，且油墨质量差，容易造成断针，因此都应选择使用高质量的色带盒和色带。
- **注意色带使用的时间**：如果使用时间过长，即使是高质量的色带也会出现弹性减弱、松弛变长，甚至会出现起皱和毛孔，非常容易造成断针。
- **不要在打印中强行撕纸**：由于撕纸时色带芯紧紧贴着打印头，使打印针非常容易打穿色带而直接引起断针现象，所以千万不要在打印过程中强行撕纸。

2. 更换色带

更换色带是针式打印机最常见的维护操作，其具体操作如下。

STEP 1 关闭电源开关，如图3-13所示，并断开打印机电源。

STEP 2 打开机盖，推动控制杆向前移动上部的机械装置，确保推动控制杆到锁定位置。

STEP 3 用手将打印头移动到打印机中间位置。

STEP 4 用手握住色带导轨的两侧，并向下拉，直到从打印头中拉出，如图3-14所示。

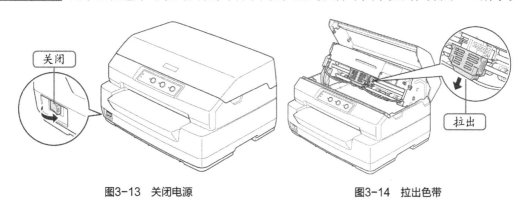

图3-13 关闭电源　　　　　　　　　　　图3-14 拉出色带

STEP 5 用手握住色带架的两侧，转动塑料挂钩，然后向上提拉，直到把色带架拉出打印机，如图3-15所示。

STEP 6 安装新的色带，其操作前面已经介绍过，这里不再赘述，完成后关闭打印机盖即可。

知识补充　购买的针式打印机标准配置里就有一个新的色带架，其各部分的名称如图3-16所示。

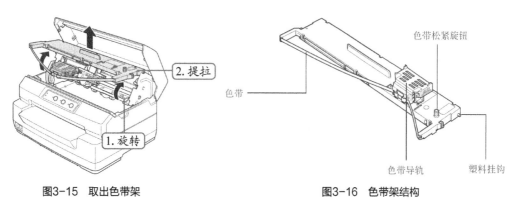

图3-15 取出色带架　　　　　　　　　　图3-16 色带架结构

（三）排除针式打印机常见故障

在使用针式打印机时，最常见的就是色带故障，下面介绍排除几种打印机色带故障。

● **色带断裂**：色带的拉力过大，拉断缝合线或字锤打烂色带导致色带断裂。前一种情况可将断裂部分剪掉，重新缝合好；后一种情况需要更换色带。

● **色带被卡**：色带的边缘脱丝、起毛后容易缠住色带轮，导致色带导轨被卡，色带不能正常缩回色带导轨。解决方法是打开打印机盖，将色带轻轻拉回，然后关闭打印机盖，打开电源，机子在自检后色带就会被装回色带导轨。

● **色带主动轮驱动带磨损或断裂**：这种故障是由于驱动带使用时间过长或字符链摩擦驱动带引起的。解决方法是调整字符链的位置，使其不再摩擦驱动带；已断裂的则更换。

● **色带运动传感信号无故中断**：先检查色带运动传感信号线是否已经损坏，若断裂请更换信号线；再检查一下互锁转换板上J6插座处的色带运动传感信号线是否损坏或接触不好，请更换或插好信号线。

任务二　使用与维护喷墨打印机

喷墨打印机是一种经济型非击打式的高品质打印机，因其强大的彩色功能和较低的价格，在现代办公领域颇受青睐。下面具体介绍其使用和维护方法。

一、任务目标

本任务将认识常见的喷墨打印机，然后学习选购、使用、维护喷墨打印机的相关知识。通过本任务的学习，可以掌握喷墨打印机的基本操作，同时对选购和维护喷墨打印机有一个基本的了解，并能排除喷墨打印机的常见故障。

二、相关知识

（一）认识喷墨打印机

喷墨打印机将墨水喷到纸张上形成点阵图像，通常将其分为外部和内部两个部分，下面以联想3300/3310喷墨打印机为例进行讲解。

1. 外部结构

喷墨打印机的外部结构比较简单，主要分为正面和背面两个部分，如图3-17所示。

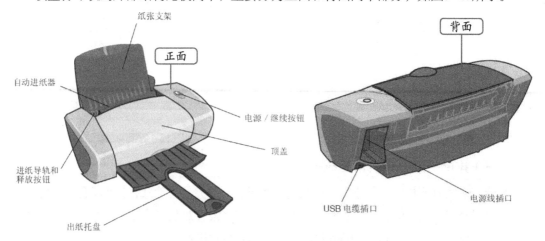

图3-17　喷墨打印机的正面和背面结构

打印机主要部件的功能见表3-2。

表 3-2　喷墨打印机的主要结构

部件名称	主要功能
电源 / 继续按钮	打开或关闭打印机的电源 送出打印机内的纸张 查看打印机状态
顶盖	安装或更换打印墨盒 清除卡纸
出纸托盘	盛放打印机送出的打印页
进纸导轨和释放按钮	确保纸张能够正确地进入打印机内
纸张支架	保持自动进纸器内的纸张平直
电源线插口	为打印机提供电源
自动进纸器	自动传送纸张
USB 电缆插口	将打印机连接到计算机上

2. 内部结构

在喷墨打印机的内部结构中，需要了解的主要是墨盒拖车（墨盒架）和墨盒，如图3-18所示。墨盒拖车的功能是安装和移动墨盒，墨盒的功能是承装打印墨水。

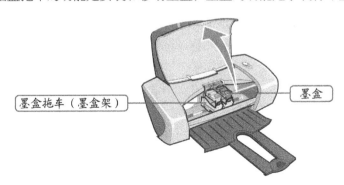

墨盒拖车（墨盒架）　　墨盒

图3-18　喷墨打印机的内部结构

（二）喷墨打印机的主要性能指标

喷墨打印机的性能指标主要是分辨率、色阶、打印速度和色彩调和能力。

● **分辨率**：一般的彩色喷墨打印机有黑白打印的分辨率和彩色打印的分辨率两种，目前市场上的主流彩色喷墨打印机分辨率都可以达到600dip以上。

● **色阶**：办公中经常需要打印图片，除了分辨率外，还必须要有丰富的色阶，要不然打印出的效果也不好。

● **打印速度**：和分辨率一样，打印速度也有两个数值，黑白打印相对比较简单，打印的速度比较快；彩色的图案要处理的数据较多，打印速度比较慢。另外，打印速度与实际打印时设定的分辨率大小有关，设定的分辨率越高，打印速度越慢。

● **色彩调和能力**：对于使用彩色喷墨打印机的用户而言，打印机的色彩调和能力是个非常重要的指标。主流彩色喷墨打印机通常是采用五色的彩色墨盒，加上原来的黑色墨盒，形成所谓的六色打印，打印效果更佳。

> **知识补充**　传统的喷墨打印机在打印彩色照片时，若遇到过渡色，就会在3种基本颜色的组合中选取一种接近的组合来打印，即使加上黑色，这种组合一般也不能超过16种，色彩调和能力是难以令人满意的。

（三）选购喷墨打印机

如果办公分组较多，组内人员少，或是SOHO型及小规模的公司，并在平时工作上对打印需求量较小，可以选购相对便宜的喷墨打印机，其次还需要注意以下问题。

● **购机用途**：即买喷墨打印机主要用来干什么，兼顾干什么。喷墨打印机的价位较为便宜，但耗材相对较贵。如果需要打印一些图文并茂的文档给客户看，彩色喷墨打印机还是有一定价值的。

● **资金使用效果**：一般买回打印机后更换两、三套耗材后就能感觉到该产品的使用效果。换个角度讲，可能1000元买台打印机感觉很值，而花500元买台打印机却感觉亏了。因为机器买的不合用途，或者耗材费用远超出购买时的想象等。

● **耗材使用**：喷墨打印机除了带芯片的某几种墨盒没有正规的兼容耗材外，绝大多数墨盒都有可用的兼容耗材，不带喷头的墨盒可以选择兼容墨盒和填充墨水，而带喷头的墨盒除了个别的型号外，就只能使用填充墨水了。使用兼容耗材确实可以节省费用，但风险就是如果用了品质低劣的产品，既影响使用，有时还会造成损失。

三、任务实施

（一）使用喷墨打印机

使用喷墨打印机主要涉及安装和打印两项操作，下面分别进行讲解。

1. 安装打印机

要使用打印机首先必须安装打印机。打印机的安装包括硬件的连接及驱动程序的安装，只有正确连接并安装了相应的打印机驱动程序后，打印机才能正常工作，其具体操作如下。

STEP 1　先将打印机的数据线连接到计算机，将USB连线的端口插入到计算机机箱后面相应的接口和打印机的USB接口中。然后连接电源线，将电源线的"D"型头插入打印机的电源插口中，另一端插入电源插座插口。

STEP 2　接好打印机硬件后，还必须安装该打印机的驱动程序。通常情况下，连接好打印机后，打开打印机电源开关并启动计算机，操作系统会自动检测到新硬件。

STEP 3　选择【开始】/【打印机和传真】菜单命令，打开"打印机和传真"窗口，单击任务窗格中的"添加打印机"超链接，如图3-19所示。

STEP 4　打开"添加打印机向导"对话框，单击 下一步(N) 按钮，打开"本地或网络打印机"对话框，单击选中"连接到此计算机的本地打印机"单选项，此时下方的复选框自动被选中，单击 下一步(N) 按钮，如图3-20所示。

图3-19　添加打印机

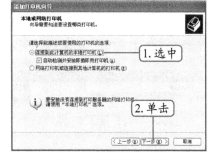

图3-20　连接本地打印机

STEP 5　打开"选择打印机端口"对话框，根据购买的打印机端口类型选择相应的选项，单击 下一步(N) 按钮，如图3-21所示。

STEP 6　打开"安装打印机软件"对话框，在"打印机"列表框中选择驱动程序（第一次安装时，应单击 从磁盘安装(H)... 按钮，在打开的对话框中选择光盘中的驱动程序文件），单击 下一步(N) 按钮，如图3-22所示。

图3-21　选择打印机端口类型

图3-22　选择打印机型号

STEP 7　打开"命名打印机"对话框，在"打印机名"文本框中输入打印机名称，单击选中"是"单选项，将其设置为默认打印机，单击 下一步(N) 按钮，如图3-23所示。

STEP 8　打开"打印机共享"对话框，单击选中"不共享这台打印机"单选项，单击 下一步(N) 按钮，如图3-24所示。

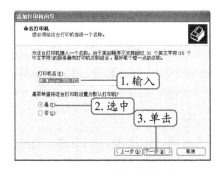

图3-23　设置打印机名称

图3-24　设置是否共享打印机

STEP 9 打开"打印测试页"对话框，单击选中"是"单选项，单击 下一步(N)> 按钮，如图 3-25所示。

STEP 10 将打印纸放入打印机，在打开的对话框中单击 下一步(N) 按钮，打印机驱动程序完成安装，打印机打印测试页，返回"打印机和传真"窗口，带有 标记的打印机就是刚刚安装驱动程序的默认打印机，如图3-26所示。

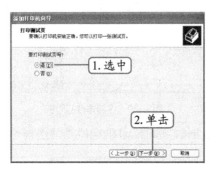

图3-25　设置是否打印测试页　　　　　图3-26　成功安装打印机驱动

操作提示

　　在"打印机和传真"窗口中的打印机图标上单击鼠标右键，在弹出的快捷菜单中选择"属性"菜单命令，在打开的对话框中单击 打印首选项(I)... 按钮，打开相应的设置首选项对话框。在"纸张/输出"选项卡中可设置打印缩放尺寸及纸张的输出尺寸，在"图形"选项卡中可设置图像的打印类型。

　　2. 打印

　　打印是打印机最基本的功能，下面以设置双面打印机为例，其具体操作如下。

STEP 1 紧靠纸张支架右侧垂直装入打印纸，如图3-27所示。

STEP 2 压住进纸导轨，使其滑动到纸张的左边缘，如图3-28所示。

图3-27　装入打印纸　　　　　　　　图3-28　调节进纸导轨

STEP 3 选择【文件】/【打印】命令，打开"打印"对话框，在"打印机"栏中选中"手动双面打印"复选框，单击左下角的 选项(O)... 按钮，如图3-29所示。

STEP 4 打开另外一个"打印"对话框，在"双面打印选项"栏中单击选中"纸张背面"复选框，单击 确定 按钮，如图3-30所示。

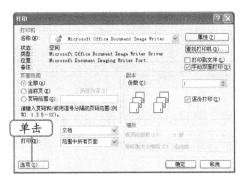

图3-29　选择操作　　　　　　　　　　图3-30　设置双面打印

STEP 5 返回前一个"打印"对话框，单击 [确定] 按钮，该页面将关闭并开始打印，且打印出的文档页码均为奇数页。

STEP 6 同时，系统会打开一个提示框，提示"请将出纸器中已打印好一面的纸取出并将其放回送纸器中，然后单击 [确定] 按钮，暂时不需操作。

STEP 7 待所有奇数页文档打印完毕后，不要进行页序调整（如整篇文档为奇数页5、7等，最后一页在打印时会自动走纸出空白页），将打印完毕纸张插入手动送纸槽，纸张要打印的一面朝上。

STEP 8 在提示框中单击 [确定] 按钮，文件将开始逆页序打印偶数页文档，然后完成双面打印操作。

（二）喷墨打印机的日常维护与保养

虽然现在购买喷墨打印机都会有提供免费维修的保障（一般是一年），但是如果注意日常的维护和保养，会让喷墨打印机时刻保持最佳的打印效果。

- **确保使用环境清洁**：使用环境灰尘太多，容易导致打印头的运动受阻，引起打印位置不准确，造成死机。需要经常将导轴上的灰尘擦掉。
- **保证预热时间**：在刚开启喷墨打印机电源开关后，电源指示灯或联机指示灯将会闪烁，这表示喷墨打印机正在预热。在此期间，用户不要进行任何操作，待预热完毕后指示灯不再闪烁时用户方可操作。
- **选用质量较好的打印纸**：如果打印纸的质量太差，不但打印效果差，而且会影响打印头的寿命。在装入打印纸时应注意正反面，只有正面的打印效果才好。在装纸器上不要上纸太多，以免造成一次进纸数张，损坏进纸装置。
- **注意墨水的有效期**：墨水是有有效期的，从墨水盒中取出的墨水应立即装在打印机上，放置太久会影响打印质量。
- **不得随便拆卸墨盒**：为保证打印质量，墨盒不要随便拆卸，更不要打开墨盒，这样可能损坏打印头，影响打印质量。

（三）排除喷墨打印机常见故障

如果喷墨打印机在保修期内，其故障最好由品牌专业维修人员进行排除，一些常见的小故障则可以由使用人员自己排除。表3-3所示为喷墨打印机常见故障的排除方法。

表3-3 排除喷墨打印机常见故障

故障现象	故障分析与排除
打印时出现横纹，白条	墨盒内有小气泡，利用打印机自洗程序清洗打印头 1~3 次即可，有时需多次清洗；洗打印头仍不能改善，不要取出墨盒，它在机内暂放几小时，也可能改善
	墨盒内墨水已用完，旧款打印机无墨尽显示，此时需要更换新墨盒
	打印头内有脏物，启动清洗程序清洗打印头
	打印机状态设置不正确，打印纸不配套，需按操作说明书重新设置。当需要高质量图片时，应用喷墨纸，且设为高分辨率状态
新墨盒装机后打印不出水，显示墨尽	未按说明撕去标签，应将标签完全揭去，勿残留，以便使空气从导气槽（孔）进入墨盒上部（如果您装机后再取出墨盒撕去标签，打印效果则无法得到保证）
	打印头内的金属弹片老化接触不良，导致机器认为未装入墨盒。需请供应商维修
	由墨盒内小气泡引起，解决办法同第一种故障的第一种分析与排除
打印头堵塞	打印头未回到保护装置内，或未及时装入新墨盒，使打印头暴露太久而干结堵塞
	打印头已经损坏，应更换打印头
打印颜色与屏幕颜色不匹配	显示器采用 RGB 颜色，打印机采用 CMYK 印刷色。如果差异过大可能需：① 打印模式设置重新设置；② 换相匹配的打印纸；③ 更换某种颜色的墨水
颜色不正确 或不清晰	某种颜色墨水已用完
	用了不匹配的打印纸，解决办法是更换墨盒，换相匹配的打印纸及清洁打印头
卡纸或纸背面被墨水弄脏易损坏打印头	纸太薄、受潮、纸太多或是纸张调节杆位置不对，打印机出纸通道已脏。此时需换纸、扇动纸的边缘、避免受潮、调整调节杆的位置清洁

任务三 使用与维护激光打印机

激光打印机是现代高新技术的结晶，其打印速度和打印质量是3种打印机中最好的，已成为现代办公中不可缺少的办公设备。下面具体介绍其使用和维护方法。

一、任务目标

本任务将认识常见的激光打印机，然后学习选购、使用、维护激光打印机的相关知识。通过本任务的学习，可以掌握激光打印机的基本操作，同时对选购和维护激光打印机有一个基本的了解，并能排除激光打印机的常见故障。

二、相关知识

（一）认识激光打印机

激光打印机的特点是技术成熟、性能稳定、打印速度快、噪声低、使用成本低廉和输出质量高。下面就来认识激光打印机的工作原理和机构。

1. 工作原理

激光打印机的工作原理就是感光鼓从书写机构接收一幅图像，变成由电荷阵列组成的潜在图像，用墨粉对图像显影后，再将其传输到纸张上，最后将纸上的墨粉颗粒进行热压熔解后浸入到打印纸中，输出打印好的文本或图像，如图3-31所示。

图3-31 激光打印机工作原理示意图

2. 结构

激光打印机的结构主要分为正面和背面，下面以联想LJ2000激光打印机为例进行讲解，如图3-32所示。

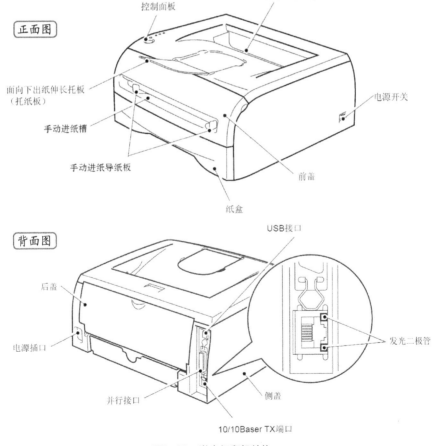

图3-32 激光打印机结构

（二）激光打印机的主要性能指标

除了一些打印机共性的打印指标外，激光打印机还有一些自身特有的性能指标。

● **预热时间**：指打印机从接通电源到加热至正常运行温度时所消耗的时间。通常家用激光打印机或者普通办公型激光打印机的预热时间都为30s左右。

● **首页输出时间**：指激光打印机输出第一张页面时，从开始接收信息到完成整个输出所需要耗费的时间多少。一般家用激光打印机和普通办公型激光打印机的首页输出时间都控制在20s左右。

● **内置字库**：激光打印机一旦包含内置字库的话，那么计算机就可以把所要输出字符的国标编码直接传送给打印机来处理，这一过程需要完成的信息传输量只有很少的几个字节，激光打印机的打印信息的速度自然也就快起来了。

● **打印负荷**：就是平常所说的打印工作量，这一指标决定了打印机可靠性的好坏。这个指标通常以月为衡量单位，打印负荷多的打印机比少的可靠性能要高许多。

● **网络性能**：包括激光打印机在进行网络打印时所能达到的处理速度，在网络上的安装操作方便程度，对其他网络设备的兼容情况，以及网络管理控制功能等。

（三）选购激光打印机

选购激光打印机首先应该对比主要的性能指标，然后注意以下几个方面的内容。

● **稳定性**：对于办公用户来说，经常需要连续打印，月打印量可能会达到数万页。这样高负荷量的运行，对于打印机的稳定性要求很高。通常低端激光打印机的月打印负荷在5000页左右，而中高端能够达到20000页甚至30000页。

● **扩展功能**：应该具体地了解打印机包含哪些功能。如双面打印，可以避免传统单面打印手动翻页的烦琐操作，不仅能够节约50%的纸张费用，将文档厚度和重量都相应地减少50%，节约50%的存储空间，还能大幅提高工作效率。

● **耗材**：硒鼓是激光打印机的主要耗材，分为鼓粉一体式和鼓粉分离式两种类型，后者单独更换粉盒，更为经济。对于打印量较大，对成本比较敏感的用户来说，还应该考虑市场上兼容硒鼓的数量和质量，毕竟可以降低约50%的打印成本。

● **品牌和口碑**：品牌是产品质量、服务、可靠性及性能的综合体现，一个好的品牌背后，其服务也一定是有口皆碑的。好的售前服务方便客户购买，好的售中服务方便客户使用，好的售后服务方便客户维护。

三、任务实施

（一）使用激光打印机

激光打印机的使用也主要由安装打印机、安装驱动程序和打印几个步骤组成。

1. 安装硒鼓

安装驱动程序的操作与喷墨打印机相同，这里不再赘述。安装硬件的过程与喷墨打印机相似，唯一不同之处在于安装硒鼓，下面介绍安装硒鼓的具体操作。

STEP 1 打开激光打印机的前盖，拆开硒鼓单元组件，如图3-33所示。

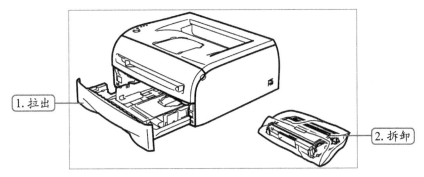

图3-33　拆卸硒鼓

STEP 2　轻轻左右摇晃硒鼓数次，使其中的墨粉在组件内分布均匀，将硒鼓单元装入打印机中，如图3-34所示，盖好前盖。

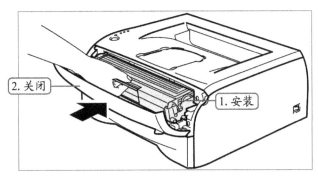

图3-34　安装硒鼓

2.在纸盒中添加纸张

在纸盒中放入纸张后，打印机在打印时会自动从其中获取纸张，其具体操作如下。

STEP 1　将纸盒从设备中完全拉出，如图3-35所示。按下导纸释放杆，然后滑动导纸板以适合纸张大小，并确保其牢固地插入插槽中，如图3-36所示。

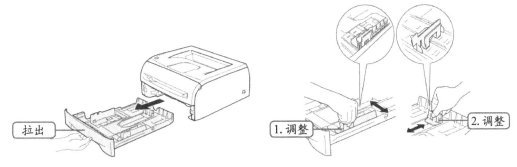

图3-35　拉出纸盒　　　　　　　　图3-36　调整导纸板

STEP 2　将纸张放入纸盒中，确保纸张的厚度位于最大纸张限量标记之下，如图3-37所示。

STEP 3　将纸盒牢固地装回设备中，确保其完整地置于打印机中。

STEP 4 展开纸张支撑翼板，如图3-38所示，以免纸张从出纸托板中滑出。

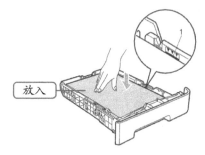

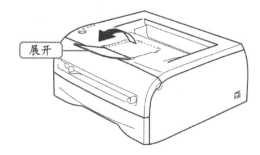

图3-37 放入纸张   图3-38 展开支撑翼板

3.在手动进纸槽中添加纸张

除了纸盒，用户还可选择在手动进纸槽中添加纸张，其具体操作如下。

STEP 1 展开纸张支撑翼板，然后打开手动进纸槽。

STEP 2 用双手滑动导纸板，使其适合要使用的纸张宽度，如图3-39所示。

STEP 3 双手将一张纸放入手动进纸槽，直到纸张前端边缘触碰到进纸辊。当感到打印机吸入纸张时，松开双手使纸张进入设备，如图3-40所示。

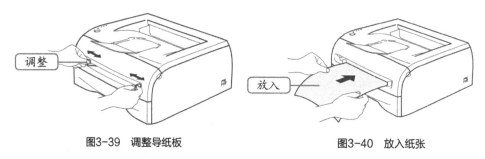

图3-39 调整导纸板   图3-40 放入纸张

（二）激光打印机的日常维护与保养

打印机的日常维护包括更换打印耗材、清洁打印机、清除卡纸等多个方面。下面以激光打印机为例，简单介绍维护打印机的方法，其具体操作如下。

STEP 1 打开前盖，取出硒鼓单元和墨粉盒组件，按下蓝色锁杆，并将墨粉盒从硒鼓单元中取出，如图3-41所示。

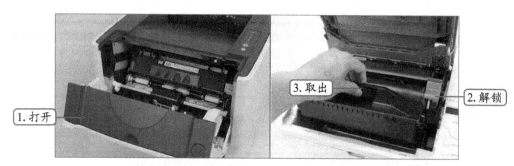

图3-41 取出硒鼓单元和墨粉盒组件

STEP 2 左手拿起硒鼓，右手用斜口钳把鼓芯有齿轮一头的定位销拔出，如图3-42所示，然后抓住鼓芯的塑料齿轮拔出鼓芯，如图3-43所示。

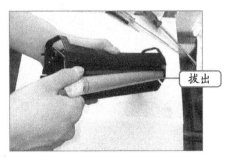

图3-42 拔出定位销 　　　　　　　　　　　图3-43 拔出鼓芯

STEP 3 用一字螺丝刀向上挑出充电辊的一头，将其抽出，再用斜口钳把顶出来的铁销拔出，如图3-44所示。

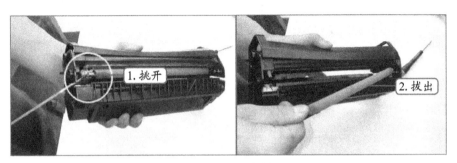

图3-44 取出充电辊

STEP 4 用十字螺丝刀拧开硒鼓另一头的螺丝，并把显影仓和废粉仓分开，如图3-45所示。

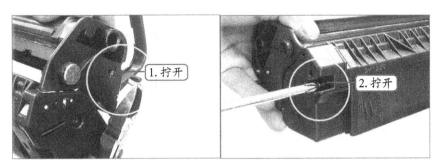

图3-45 分开显影仓和废粉仓

STEP 5 取出显影仓上的磁辊，如图3-46所示，为防止所加碳粉和原碳粉不兼容，应先用布擦掉磁辊上原有的碳粉，如图3-47所示。

STEP 6 用一张废纸叠成槽口形状，便于向粉仓中加粉，如图3-48所示。

STEP 7 加完碳粉后，安装磁辊并合上齿轮盖，注意齿轮不要丢失或者反装，如图3-49所示。

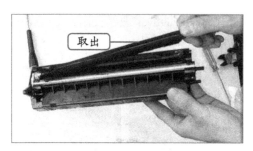

图3-46 取出磁辊

图3-47 清洁磁辊

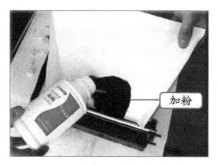

图3-48 进行加粉

图3-49 安装磁辊

STEP 8 合上清洁过的废粉仓和加好碳粉后的显影仓，如图3-50所示，然后将各元件重新组装即可完成加粉。

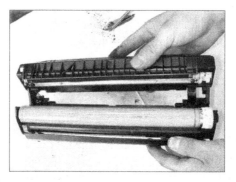

图3-50 进行组装

STEP 9 关闭打印机并拔下电源插头，将纸盒从打印机中拉出，然后用干燥的无绒抹布擦拭打印机外部、纸盒内部等位置以清除污垢，完成后将纸盒重新装回打印机内部，如图3-51所示。

STEP 10 按下前盖释放按钮打开前盖，用干燥的无绒抹布擦拭激光器窗口，完成后将硒鼓单元和墨粉盒组件重新装入打印机，合上前盖，如图3-52所示。

知识补充　打印机应放置在比较空旷的位置，确保当前环境空气流动，防止打印机在打印时产生的细小分子（墨粉）进入人体。打印机设备应进行定期清洁，以延长使用寿命。

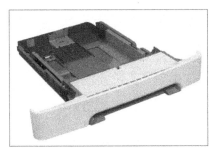
图3-51　取出纸盒

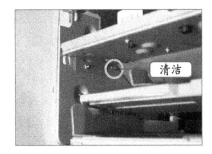
图3-52　清洁激光器窗口

知识补充

打印机卡纸有多种情况，具体介绍如下。

①墨粉盒卡纸：取出硒鼓单元和墨粉盒，卡纸会随之一起取出。

②纸盒卡纸：将纸盒拉出，将卡纸从纸盒上方的纸盆中拉出即可。

③硒鼓单元卡纸：按下硒鼓单元的蓝色锁杆，取出墨粉盒，清除卡纸。

④打开后盖，左右滑动滑块，打开定影单元盖，清除卡纸。

（三）排除激光打印机常见故障

激光打印机打印出错或出现问题，可以先按照如图3-53所示的步骤进行判断，然后根据情况决定需要送修还是可以自己排除。

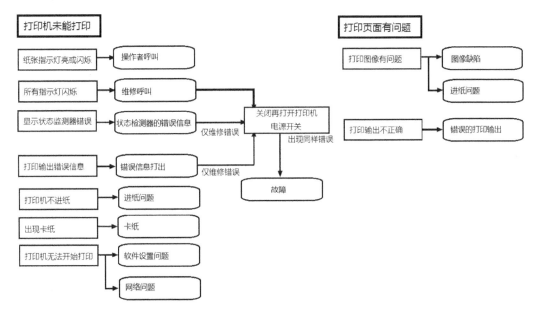

图3-53　判断激光打印机故障步骤

知识补充

如果出现操作者呼叫或维修呼叫，打印机控制面板上所有4个LED显示灯会通过亮灭闪烁来告知错误的所在，控制面板如图3-54所示。

	LED指示灯灭
或 或	LED指示灯亮
或 或	LED指示灯闪烁

图3-54 控制面板和指示灯

激光打印机可以根据错误监视器中提示的错误信息来排除常见的故障。表3-4为激光打印机常见故障的排除方法。

表3-4 排除激光打印机常见故障

错误信息	故障分析与排除
打印超时	按运行按钮打印打印机中的残余数据。如果想删除打印机中残余数据，请取消打印作业
	如果这样不能清除错误，请降低文档的复杂性或降低打印分辨率
	使用随机提供的 Windows 驱动程序或 RPC 程序将页面保护设定为自动
	更改提供的 Windows 驱动程序中的下列设置并重试
内存已满	按运行按钮打印打印机中的残余数据。如果想删除打印机中残余数据，请取消打印作业
	请降低打印分辨率及降低文档的复杂度
硒鼓接近其使用寿命	硒鼓已接近其使用寿命。购买新的硒鼓单元替换所使用的硒鼓单元
维修呼叫	检查 LED 指示灯识别错误（具体可以参见打印机的用户手册）
打印机无法送入信封	打印机可以从手动进纸槽送入信封。必须正确设置应用程序以便在所用信封尺寸上打印。通常应在应用程序的页面设置或原稿设置菜单中进行
打印机不进纸	确认纸盒中的纸张是平整的。如果纸张卷曲，请在打印前将其抚平。有时可以将纸叠取出，翻转后再放回到纸盒中
	减少纸盒中的纸张数量，然后重试
	请确认打印机驱动未设置手动送纸模式
打印机不能从手动进纸槽进纸	重新放入纸张，一次一页
	确保在打印机驱动程序里有手动进纸槽设置

实训一 设置网络打印机

【实训要求】

本实训的目标是在一个企业局域网中通过设置网络打印机，使用户Leo可以使用用户Jone计算机中共享的打印机，练习连接和安装网络打印机的方法及设置网络打印机的方法，重点练习安装和设置打印机的方法。需要注意的是，网络打印机通常在局域网中实现，且无论是喷墨打印机还是激光打印机都能设置为网络打印机。

【实训思路】

完成本实训主要包括将打印机通过用户Jone的计算机连接到网络中和在Leo用户的计算机中安装并设置网络中的打印机两大步操作，其操作思路如图3-55所示。

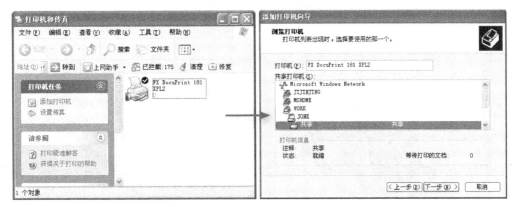

图3-55 设置网络打印机的操作思路

【步骤提示】

STEP 1 将打印机的数据线连接到用户Jone计算机主机的USB接口处，然后将电源线呈"D"形状的一端插入打印机的电源插口中，另一端连接电源插座。

STEP 2 启动计算机并打开打印机电源，Windows XP操作系统将自动检测到新硬件，并打开安装向导对话框，根据安装向导安装驱动程序。

STEP 3 在进行到设置共享的步骤时，打开"打印机共享"对话框，单击选中"共享名"单选项，在后面的文本框中输入"共享"，单击 下一步(N) > 按钮。

STEP 4 在打开的"位置和注释"对话框中输入位置和注释，单击 下一步(N) > 按钮进入测试页面，完成测试后，完成打印机的安装，在"打印机和传真"窗口中可以看到共享的打印机图标，其上有个手型标志。

STEP 5 启动用户Leo的计算机，选择【开始】/【打印机和传真】菜单命令，打开"打印机和传真"窗口，单击左侧窗格中的"添加打印机"超链接。

STEP 6 打开"添加打印机向导"对话框，单击选中"网络打印机或连接到其他计算机的打印机"单选项，单击 下一步(N) > 按钮。

STEP 7 在打开的对话框中单击选中"浏览打印机"单选项，单击 下一步(N) > 按钮，在打开对话框的"共享打印机"列表框中选择需要安装的网络打印机，单击 下一步(N) > 按钮。

STEP 8 然后按照安装向导提示进行即可安装网络打印机，用户Leo就可以使用共享的打印机进行打印了。

实训二 为喷墨打印机更换墨盒

【实训要求】

喷墨打印机的墨盒是耗材，因而需要经常更换。本实训将讲解在喷墨打印机中更换墨盒的相关操作，帮助大家学会正确更换墨盒的方法。

【实训思路】

更换墨盒步骤大致为取出墨盒和安装墨盒两个步骤。本实训的思路如图3-56所示。主要注意的是，每个墨盒上面都标识有制造厂商、型号和适用机型，购买前必须了解清楚墨盒的种类，如果不敢肯定，可以带上原来的墨盒去对比选择。不匹配的墨盒绝对不能使用，强硬安装不仅会损坏墨盒，还会损坏打印机内部零件。

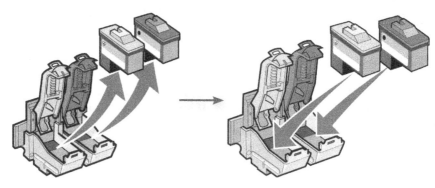

图3-56　更换墨盒的思路

【步骤提示】

STEP 1　更换前应保持电源指示灯亮着，打开打印机的顶盖，通常情况下如果打印机没有工作，打印墨盒拖车会自动移动到安装位置（通常是打印机正中）。

STEP 2　用手压墨盒保护盖上面的突起部分，然后打开保护盖，取出旧的打印墨盒，将它们保存在密封的容器中，或者进行妥善处理。

STEP 3　打开新的墨盒的包装袋，撕掉打印墨盒底部的透明封条，注意不要用手触摸打印墨盒后面和底部的金属触点区域。

STEP 4　通常需要将彩色的打印墨盒装入左侧的墨盒拖车内，将黑色的打印墨盒装入右侧的墨盒拖车内。注意，如果要延长彩色打印墨盒的寿命，并提高打印速度，请同事安装彩色打印墨盒和黑色打印墨盒进行打印。

STEP 5　关闭墨盒保护盖并推至卡紧位置，关闭打印机的顶盖。注意打印机的顶盖必须完全关闭，才可以开始新的打印操作。

常见疑难解析

问：为什么在安装网络打印机时，系统没有自动打开"添加打印机向导"对话框？

答：在安装本地打印机时，Windows操作系统一般会在开机时自动检测是否添加了新的硬件，当然会检测到连接的本地打印机。而网络打印机是通过共享和网络设置让其他的计算机使用共享的打印机，并不算本机上的硬件，所以安装网络计算机时系统不会自动打开"添加打印机向导"对话框。

问：打印机是连接在其他的计算机中的，这种情况还可以使用打印机吗？

答：如果打印机连接在局域网的其他计算机上，则需安装网络打印机：找到连接打印机的计算机，查看其IP地址并记录下来，单击 [ ] 按钮，打开"开始"菜单，选择"运行"菜单命令，打开"运行"对话框，在下拉列表框中输入记录的IP地址。按【Enter】键，在打开的窗口的工作区中将显示该计算机连接的打印机，在打印机上单击鼠标右键，在弹出的快捷菜单中选择"连接到打印机"菜单命令，稍后即可将计算机与该打印机相连。使用这种方法前，需确认该打印机为共享打印机。

问：如果打印机是家用，该选择哪种类型的打印机呢？

答：如果只需要简单的打印功能，就不要购买功能丰富的多功能一体机，买后其他功能也只是摆设，无辜浪费了。如果家庭用户打印量不是很大又有彩色打印的需求，那么选择喷墨打印机就很合适了。如果只是打印文档，那么就可以考虑购买激光打印机。

拓展知识

1．3D打印机

3D打印机即快速成形技术的一种机器，它是一种以数字模型文件为基础，运用粉末状金属或塑料等可黏合材料，通过逐层打印的方式来构造物体的技术。过去其常在模具制造、工业设计等领域被用于制造模型，现正逐渐用于一些产品的直接制造，意味着这项技术正在普及。它的原理是把数据和原料放进3D打印机中，机器会按照程序把产品一层层造出来，打印出的产品可以即时使用。图3-57所示为一台3D打印机及打印出来的房屋模型。

图3-57　3D打印机和打印出来的产品

2．打印机的共有性能指标

打印机的共有性能指标满足所有类型的打印机。

- **打印分辨率**：该指标是判断打印机输出效果好坏的一个很直接的依据，也是衡量打印机输出质量的重要参考标准。通常分辨率越高的打印机，打印的效果就越好。
- **打印速度**：打印速度指标表示打印机每分钟可输出多少页面，通常用ppm和ipm这两种单位来衡量。这个指标也是越大越好，越大表示打印机的工作效率越高。

知识补充

不同款式的打印机在打印说明书上所标明的ppm值可能所表示的含义不一样，因此在挑选打印机时，一定要向销售商确认一下，操作说明书上所标明的ppm值到底指的是什么含义。

- **打印幅面**：正常情况下，打印机可以处理的打印幅面包括A4和A3两种。对于个人家庭用户或者规模较小的办公用户，A4幅面的打印机是最佳选择；对于使用频繁或者需要处理大幅面的办公用户来说，可以选择使用A3幅面，甚至更大幅面的打印机。
- **打印可操作性**：打印可操作性指标对于普通用户非常重要，因为在打印过程中，经常会涉及更换打印耗材、如何让打印机按照指定要求进行工作，以及打印机在出现各种故障时，该如何处理等问题。那种设置方便、更换耗材步骤简单、遇到问题容易排除的可操作性强的打印机，就应该成为普通大众的选择目标。
- **纸匣容量**：指打印机输出纸盒的容量与输入纸盒的容量，换句话说就是打印机支持多少输入、输出的纸匣，每个纸匣可以容纳多少打印纸张，该指标是打印机纸张处理能力大小的一个评价标准，同时还可以间接说明打印机的自动化程度的高低。

知识补充

要是打印机同时支持多个不同类型的输入、输出纸匣，并且打印纸张存储总容量超过10000张，另外还能附加一定数量的标准信封的话，那么就说明该打印机的实际纸张处理能力就很强，使用这种类型的打印机，可以在不需更换托盘的情况下，就能支持在各种不同尺寸的打印纸上工作，这样就能减少更换、填充打印纸张的次数，从而有效提高打印机的工作效率。

课后练习

（1）使用针式打印机打印银行存折。
（2）使用喷墨打印机打印一张图片，然后试着练习更换墨盒。
（3）使用激光打印机双面打印一份Word文件，并对打印机进行日常维护。
（4）在学习网络中设置网络打印机。

情景导入

阿秀：小白，一大早你在打印机前干什么？

小白：我在打印公司刚发的文件，要求所有员工人手一份！

阿秀：打印！全公司一百多人，要打印到什么时候，你可以选择复印！

小白：什么是复印？

阿秀：复印就是把已有的文件快速复制出多个备份，进行复印操作的设备就是复印机。

小白：可我还不会使用复印机。

阿秀：好吧，正好公司最近新买了两台复印机，下面我就带你去学习一下如何使用复印机吧。

小白：好吧，希望能快速把这些文件复印出来。

学习目标

- 认识常见的办公复印设备
- 熟悉办公复印设备的各种性能参数
- 熟悉办公复印设备的选购技巧
- 熟悉办公复印设备的常用操作

技能目标

- 掌握选购办公复印设备的方法
- 掌握使用办公复印设备的方法
- 掌握维护办公复印设备的方法

任务一 使用与维护数码复印机

数码复印机是通过激光扫描和数字化图像处理技术成像的复印机类型，也是现在技术最先进，使用最广泛的复印机类型。下面具体介绍其使用和维护方法。

一、任务目标

本任务将认识常见的数码复印机，然后学习选购、使用、维护数码复印机的相关知识。通过本任务的学习，可以掌握数码复印机的基本操作，同时对选购和维护数码复印机有一个基本的了解，并能排除数码复印机的常见故障。

二、相关知识

（一）认识数码复印机

随着人类社会信息时代的到来，数字化技术将会更广泛地应用于人类社会生产、生活的各个方面，数码复印机将以其输出的高生产力、卓越的图像质量、功能的多样化（复印、传真、网络打印等）、高可靠性及可升级的设计系统，而成为人们现代办公的好帮手。

1. 工作原理

首先通过CCD（电荷耦合器件）传感器对通过曝光、扫描产生的原稿的光学模拟图像信号进行光电转换，然后将经过数字技术处理的图像数码信号输入到激光调制器，调制后的激光束对被充电的感光鼓进行扫描，在感光鼓上产生静电潜像，然后图像处理装置（存储器）对诸如图像模式、放大、图像重叠等做数码处理后，再经过显影、转印、定影等步骤，完成整个复印过程。数码复印机相当于把扫描仪和激光打印机的功能进行了融合。

2. 常用功能

数码复印机的功能并不只有复印一种，还包括打印、扫描、网络等。

- **复印**：复印是数码复印机的核心功能，不仅复印内容可以存储，而且可以衍生很多特色的复印功能，如缩放复印、海报复印、名片复印、组合复印等，可以帮助用户实现多种非常实用的文件复印操作。
- **打印**：打印是数码复印机的一种延展功能，其打印速度、打印质量、纸张处理能力、打印功能方面与打印机完全一致。
- **扫描**：扫描同样是数码复印机的一种延展功能，相较于普通的扫描仪，数码复印机的扫描功能更加面向文档扫描，没有片面追求扫描分辨率和色深，但对于文档中的文字和图片扫描完全没有问题。
- **网络**：这点也是数码复印机最强大的功能，它可以接入网络，与信息系统和办公系统融合，成为企业信息化系统的重要组成部分。数码复印机的人机交互能力大大加强，大尺寸液晶显示屏和触摸输入方式的引入，使其本身成为了一种高度智能化、可独立操作运行的信息处理终端。

3. 主要结构

数码复印机的结构通常分为外部、内部、控制面板3个部分，下面以柯尼卡美能达C754

数码复印机为例进行讲解。

● **前侧**：图4-1所示为数码复印机的前侧结构，对应名称见表4-1。

● **后侧**：图4-2所示为数码复印机的后侧结构，对应名称见表4-2。

● **内部**：图4-3所示为数码复印机的内部结构，对应名称见表4-3。

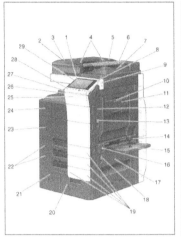

图4-1 数码复印机前侧结构

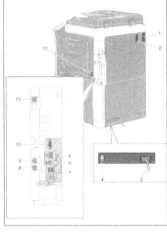

图4-2 数码复印机后侧结构

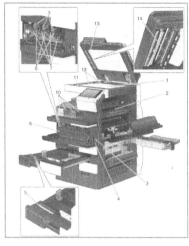

图4-3 数码复印机内部结构

表 4-1 数码复印机前侧结构

号码	名称	号码	名称	号码	名称	号码	名称
1	控制面板	9	USB 端口（A 类）	17	下部右门	25	数据指示灯
2	左盖释放杆	10	自动双面器组件释放杆	18	下部右门释放杆	26	状态指示灯
3	左盖	11	自动双面器组件	19	缺纸指示灯	27	出纸盘
4	横向导板	12	上部右门	20	纸盒 4	28	电源键
5	双面扫描输稿器（ADF）	13	上部右门释放杆	21	纸盒 3	29	状态指示灯
6	原稿进纸盒	14	手送纸盒门	22	纸盒 1，纸盒 2		
7	原稿出纸盒	15	手送托盘	23	下部前门		
8	铁笔	16	手送纸盒门释放杆	24	上部前门		

表 4-2 数码复印机后侧结构

号码	名称	号码	名称	号码	名称	号码	名称
1	排纸处理器连接器	4	除湿加热器的电源开关	7	USB 端口（A 类）	10	RS-232C 端口
2	过滤器	5	网络连接器	8	连接电话的插口	11	电话插口 2（线路端口 2）
3	电源线	6	USB 端口（B 类）	9	电话插口 1（线路端口 2）	12	臭氧过滤器

表4-3　数码复印机内部结构

号码	名称	号码	名称	号码	名称	号码	名称
1	稿台	5	打印头清洁器	9	锁定释放片	13	打开和关闭导板
2	定影单元	6	废粉盒	10	碳粉盒	14	狭长扫描玻璃（背面）
3	主电源开关	7	成像单元	11	狭长扫描玻璃（正面）		
4	总计数器	8	充电器清洁工具	12	原稿刻度		

● **控制面板**：控制面板是复印机进行各种操作的主要场所。图4-4所示为数码复印机的控制面板，对应名称见表4-4。

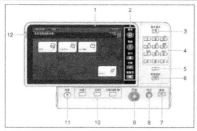

图4-4　数码复印机控制面板

表4-4　数码复印机控制面板

号码	名称	号码	名称	号码	名称	号码	名称
1	触摸屏	4	数字键盘	7	复位按钮	10	注册1至注册3按钮
2	菜单按钮	5	清除按钮	8	停止按钮	11	电源按钮
3	放大显示按钮	6	声音指导按钮	9	开始按钮	12	状态指示灯

（二）数码复印机的主要性能指标

数码复印机的技术指标很多，但下面几项为最能体现数码复印机性能的指标。

● **输出分辨率**：数码复印机的输出分辨率都达到600dpi以上，主流数码复印机已经达到了1200dpi甚至2400dpi，而1200dpi的分辨率能够满足日常办公的所有要求。

● **扫描分辨率**：其意义在于保证输出原稿的清晰度，黑白数码复印机的扫描精度为600dpi；而绝大部分彩色数码复印机的扫描精度也是600dpi。

● **输出速度**：是影响数码复印机运行速度的最主要因素，目前2万～3万元的中端数码复印机的输出速度一般在25ppm（Pages per minute，即每分钟打印的页数）～35ppm左右，而万元级产品的输出速度一般在15ppm上下。

● **预热时间**：是指复印机从开机状态到能够进行正常的复印工作这一段间隔的时间，预热时间越短越好，目前中端产品的预热时间一般在30s左右，而低端产品的预热时间则在30～60s。不过，预热时间主要是和产品电子部件的多少和电路的复杂性有关，一些高档产品的预热时间反而更长，有的甚至要达到360s。

● **首页输出时间**：是指在复印机完成了预热和用户做好一切准备工作后，从按下复印按钮到复印机输出第一张复印稿所花费的时间。目前市场上低端数码复印机的首页输出时间一般在5s以上，而中高端数码复印机的首页输出时间则大多在5s之内。

● **存储器**：数码复印机通常都带有内存，内存越大，档次越高。高端产品则大多带有外部存储器；而多数低端数码复印机，由于成本的原因通常是不带外部存储器的。

知识补充　通常情况下可以把数码复印机分为黑白数码复印机和彩色数码复印机两种类型。平常所说的数码复印机的运行速度取决于3个方面：输出速度、预热时间、首页输出时间。

（三）选购数码复印机

选购数码复印机，可以从用户群、选购要点、选购品牌等各个方面进行分析，选择适用的数码复印机品牌。

1. 用户群

数码复印机的用户主要集中在办公团体、商业用户、教育机构内，而在小型企业和家庭用户中的市场份额很少，因为扫描仪和一体机占据了很大一部分原本属于复印机的市场。但由于数码复印机精细的复制能力，快速的输出能力，以及方便的操作能力，依旧占有着大型办公、政府机关、学校等这些经常需要进行大量资料和文件快速输送的市场。

2. 选购要点

在数码复印机的选购中，选购要点主要集中在以下3个方面。

● **买数码复印机还是模拟复印机**：数码复印机性能高于模拟复印机，而且目前不少复印机厂商在逐步减少模拟复印机的生产线，用户最好选择数码复印机。但从经济性方面考虑，目前相同性能的模拟复印机的价格比数码复印机要低。

● **产品价位**：数码复印机的价格差异巨大，从几千元到几万，直至十几万不等。购买的原则应该是"经济适用"。如每月最高复印量在1万份以下时，购买1台每分钟复印15份左右的低速复印机即可满足要求，没有必要购买更高速度的机型。

● **性能指标**：数码复印机的性能是购买的关键，其性能指标除了前面介绍的以外，还有复印精度、复印幅面、特殊功能、扩展功能、售后服务等。

3. 主要品牌

目前的国内复印机市场常见到的国外品牌有佳能、夏普、东芝、富士施乐、柯尼卡美能达、利盟、理光、京瓷等，国内品牌有方正、震旦等。

三、任务实施

（一）使用数码复印机

下面使用柯尼卡美能达C754数码复印机复印一份文件，其具体操作如下。

STEP 1　打开下前门，按主电源开关，将其设置为"｜"状态，如图4-5所示。

STEP 2　关闭下前门，控制面板中的电源按钮发出黄光，并且屏幕显示本机正在启动，当电源按钮变成蓝光时，表明复印机已做好准备可以使用，如图4-6所示。

STEP 3　打开ADF至20°或更大倾斜度位置，把原稿顶部朝向本机的后侧放置，并用原稿刻度左后侧的标记对齐原稿，如图4-7所示，然后关闭ADF。

操作提示

关闭复印机时，应该按主电源开关，将其设置为"○"状态，并关闭下前门。

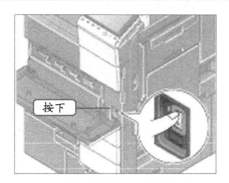

按下

图4-5　打开主电源开关

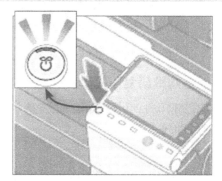

图4-6　显示电源按钮状态

STEP 4 拉出纸盒1，如图4-8所示，注意不要触碰胶片。

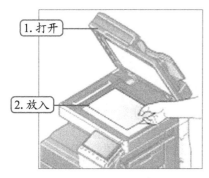

1.打开

2.放入

图4-7　装入原稿

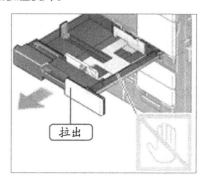

拉出

图4-8　拉出纸盒

STEP 5 将横向导板滑动到适合所装入纸张尺寸的位置，如图4-9所示。

STEP 6 将纸张装入纸盒，使进行打印的一面朝上，如图4-10所示，然后关闭纸盒1。

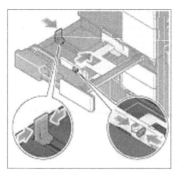

图4-9　调整位置

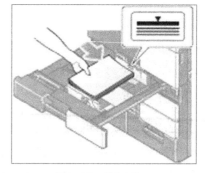

图4-10　装入纸张

知识补充

由于数码复印机中可能有其他纸盒，所以，也可以将纸张装入其他纸盒，如大容量纸盒和手送托盘，如图4-11所示。

手送托盘

大容量纸盒

图4-11　其他纸张装入方式

STEP 7 在控制面板的菜单按钮中按下"复制"按钮，如图4-12所示。

STEP 8 在控制面板屏幕中将显示复印的相关设置，如图4-13所示，这里保持默认的设置。

复制

图4-12　选择操作

图4-13　复印设置

操作提示

复印设置的内容包括指定颜色、图像质量、浓度，更改要复印纸张的尺寸或类型，调整布局（如指定缩放比率和制作海报），在复印的文档上添加日期、页码、印记等。

STEP 9 使用数字键盘指定份数，如图4-14所示，也可以通过滑动控制面板屏幕，触摸输入复印份数。

STEP 10 按开始按钮，如图4-15所示，原稿便会被扫描并开始复印，然后在原稿出纸盒中即可看到复印的稿纸，完成复印操作。

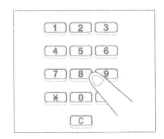

图4-14　输入复印份数

开始

图4-15　开始复印

（二）数码复印机的日常维护与保养

数码复印机在复印达到一定数量后，或副本质量明显下降时，需要进行保养。只有适时地进行维修、保养，机器才不容易发生损坏，并能经常保持满意的复印效果。

1. 数码复印机的日常使用

只有正确地使用数码复印机，才能保证复印机的正常使用，延长其工作寿命。数码复印机的日常使用主要包括以下几个方面的内容。

- 复印机的位置要注意防高温、防尘、防震、防阳光直射，同时要保证通风换气，尽量减少搬动，要移动的话一定要水平移动。至少应在机器左右各留出90cm，背面留出13cm的空间，操作和使用复印机应小心谨慎。
- 应使用稳定的交流电连接使用，电源的定额应为220~240V、50Hz、15A。
- 上班后要打开复印机预热半小时左右，使复印机内保持干燥。
- 要保持复印机扫描玻璃清洁、无划痕，不能有涂改液、手指印之类的斑点。
- 如果复印件的背景有阴影，那么复印机的镜头可能有灰尘，需要进行专业的清洁。
- 当控制面板显示红灯加粉信号时，就应及时对复印机加碳粉，如果加粉不及时可造成复印机故障或产生加粉撞击噪声。
- 添加复印纸前，先要检查一下纸张是否干爽、清洁，然后理顺复印纸并叠顺整齐再放到纸张大小规格一致的纸盘里，纸盘内的纸不能超过复印机所允许放置的厚度。
- 工作下班时要关闭复印机电源开关，不可未关闭机器开关就去拉插电源插头。
- 当复印机里发出异响；外壳变得过热；部分被损伤；被雨淋或内部进水时，应立即关掉电源，并请专业维修人员。

2. 数码复印机的日常保养

定期的清扫、整理、加油、调整是确保数码复印机正常运行的关键，必要的保养可以提高复印机的工作质量，延长使用寿命，节约维修费用，其具体操作如下。

STEP 1 用蘸有酒精的软布将原稿玻璃和原稿扫描玻璃上的污物擦干净。同时需卸下原稿玻璃，并用蘸有酒精的软布将反射镜和透镜上的污物擦干净，如图4-16所示。

图4-16　清洁扫描玻璃、反射镜、透镜

STEP 2 拉开透镜盖两侧的压片，取下透镜盖。用蘸有酒精的软布将 CCD 感应器上的污物擦干净，如图4-17所示。

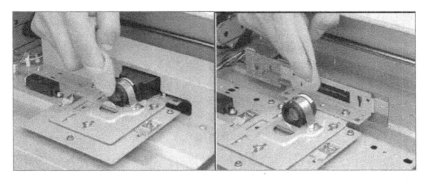

图4-17　清洁CCD感应器

STEP 3 　用蘸有酒精的软布将扫描器轨道和衬套上的污物擦干净，卸下前盖、左盖和排纸盘，用刷子将散挡板表面上的灰尘和污物轻轻拂去，如图4-18所示。

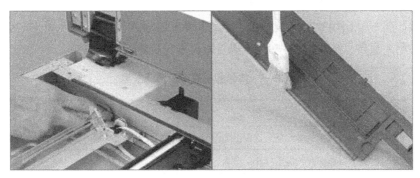

图4-18　清洁扫描器

3. 更换数码复印机的墨粉盒

在运行了一段时间后，数码复印机的易耗性零件可能需要进行必要的更换，这些操作也是数码复印机的重要维护和保养操作，下面以更换墨粉盒为例，其具体操作如下。

STEP 1 　关闭复印机的电源，把粉盒的外盖打开，打开外盖就可以看到复印机的两大部件：墨粉组件和粉盒，如图4-19所示。

STEP 2 　把墨粉组件的挡盖往外拉开，如图4-20所示。

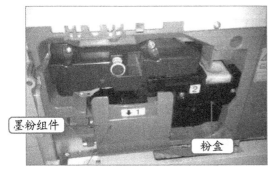

图4-19　打开复印机外盖　　　　　　图4-20　打开墨粉组件挡盖

STEP 3 　取出粉盒，如图4-21所示。

STEP 4 　再把已装好的粉盒装入到复印机内，如图4-22所示，然后启动复印机，大概要等几分钟，复印机就可以正常使用了。

图4-21 更换粉盒

图4-22 完成操作

（三）排除数码复印机常见故障

数码复印机一旦出现故障，最好由该产品的专业维修人员进行排除，一些常见的小故障则可以由使用人员自己排除。表4-5为数码复印机常见故障的排除方法。

表4-5 排除数码复印机常见故障

故障现象	故障分析	故障排除
复印机无法运行	复印机电源插头是否正确连接电源	将复印机电源插头插入接地的电源插座中
	电源开关是否打开	打开电源开关
复印的文件空白	原稿放置位置是否正确	将原稿面朝下放置在原稿玻璃上
复印的文件颜色深浅不一	复印浓度设置是否正确	适当调整复印浓度
复印机经常卡纸	纸张放置是否正确	正确放置复印纸张
	复印机中是否存在卡住的废纸	打开复印机检查并清理废纸
	纸张是否受潮或卷曲	更新新纸，且应平整地摆放在干燥区域
	是否使用了非标准纸张	使用标准纸张，非标准纸张应通过手送纸盒送纸
启动后无法进行复印操作	控制面板显示"预热"	等待复印机完成预热操作
	控制面板持续显示复印数量	复印机处于审计模式，需要等待
	控制面板显示"缺纸"	需要装入复印纸
	是否安装墨粉盒	安装墨粉盒
	控制面板显示"更换墨粉盒"	更换墨粉盒
	控制面板显示"卡纸"	出现卡纸现象

任务二 使用与维护一体化速印机

一体化速印机又称速印一体机、速印机、高速数码印刷机。它通过数字扫描、热敏制版成像的方式进行工作，从而达到高清晰的印刷质量，是一种印刷速度在每分钟100张以上的办公复印设备。下面具体介绍其使用和维护方法。

一、任务目标

本任务将认识常见的一体化速印机，然后学习选购、使用、维护一体化速印机的相关知识。通过本任务的学习，可以掌握一体化速印机的基本操作，同时对选购和维护一体化速印机有一个基本的了解，并能排除一体化速印机的常见故障。

二、相关知识

（一）认识一体化速印机

一体化速印机可将原稿通过扫描制版后高速印刷，大大扩展了复印机的功能，下面就来认识一体化速印机。

1. 主要特点

一体化速印机的印刷过程可以分为卸版、扫描、制版、挂版、进纸、印刷、出纸7个步骤。除了复印平均成本比较低廉以外，一体化速印机主要还有以下几个特点。

- **自动调节**：一体化速印机最高复印速度可达1min130张，印刷速度可以自动调节，有的型号可以提供多达5级变速（60、80、100、120、130张/分钟）的选择。
- **缩放自如**：对于用来复印的原稿纸张大小的范围也比较大，一般的机型都可以从最大A3（297mm×420mm）到最小名片（50mm×90mm）。并且提供多级的缩放比例，如4级缩放比例提供了94%，87%，82%，71%4个级别供用户自主选择。
- **自动辨别**：文字及图片自动辨别制版模式可将一张原稿上的文字和图片自动分开，用不同的扫描模式做出最佳处理，得出最佳的印刷效果。
- **功能多样**：一体化速印机不仅可以通过计算机直接输出进行制版印刷，还可以接入到网络环境，实现网络的共享印刷（局域网）和远程印刷（远程通信）。

2. 和复印机的区别

从外形上看，一体化速印机和数码复印机非常相似，而在功能上也与数码复印机有许多相似之处，其主要不同之处如下所述。

- **工作原理**：两者有着本质差别。一体化速印机的印刷首先需要通过光学和热敏制版的原理，把需要印刷的内容制成在印板上（在日常的应用中许多用户把这种印板叫做蜡纸，和传统的钢板蜡纸是有很大区别的），然后再通过印板进行印刷，而在完成印刷后，这张印板也就报废了，无法反复使用。而复印机的印刷则主要是通过光学和半导体感光成像的原理来进行复印的，在复印结束之后，通过放电等手段可以消除感光板上的印象，从而可以反复使用。
- **印刷速度**：一体化速印机的印刷速度可以达到每分钟100张以上，有的甚至可以更高，而复印机是很难达到这种速度的。
- **印刷成本**：一体化速印机的印刷成本也要比复印机低得多。
- **市场定位**：速印机比较适合政府机关、金融保险及事业单位，大中型企业单位印发文件、通知，以及学校等教育部门印发考试试卷及自备复习资料、讲义等。

3. 主要结构

一体化速印机的结构主要分为外部和控制面板两个部分，下面以理光DX3443c一体化速印机为例进行讲解。

- **外观**：图4-23所示为一体化速印机的外部结构，对应名称见表4-6。

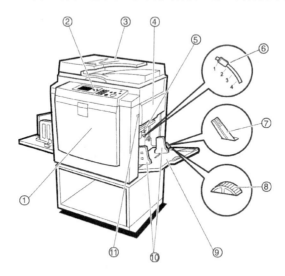

图4-23　一体化速印机外观

表4-6　一体化速印机外观

号码	名称	号码	名称	号码	名称	号码	名称
①	前盖	④	版纸纸盘	⑦	进纸导向板锁定杆	⑩	进纸导向板
②	控制面板	⑤	搓纸辊压力杆	⑧	纸盘侧向微调旋钮	⑪	进纸盘下降键
③	曝光玻璃盖或 ADF	⑥	分离压力杆	⑨	进纸盘		

- **控制面板**：图4-24所示为一体化速印机的控制面板，对应名称见表4-7。

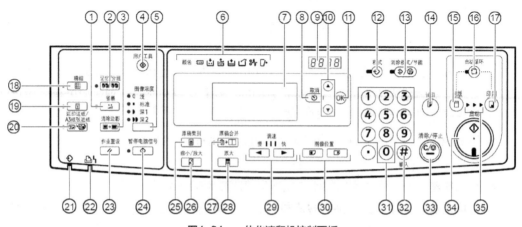

图4-24　一体化速印机控制面板

表4-7　一体化速印机控制面板

号码	名称	号码	名称	号码	名称	号码	名称
①	"省墨"键	⑩	选择按键	⑲	"保密"键	㉘	"原大"键
②	"记忆/分班"键	⑪	"OK"键	⑳	"延印送纸/A3纸张进纸"键	㉙	调速键
③	"消除边影"键	⑫	"程式"键	㉑	数据输入指示灯（绿色）	㉚	"图像位置"键
④	"用户工具"键	⑬	"清除模式/节能"键	㉒	错误指示灯（红色）	㉛	数字键
⑤	"版纸制作浓度"键	⑭	"试印"键	㉓	"作业重设"键	㉜	"#"键
⑥	指示灯	⑮	制版模式选择键	㉔	"暂停电脑信号"键	㉝	"清除/停止"键
⑦	面板显示屏	⑯	"自动循环"键	㉕	"原稿类别"键	㉞	"启动"键
⑧	"取消"键	⑰	印刷模式选择键	㉖	"缩小/放大"键	㉟	处理指示灯
⑨	计数器	⑱	"精细"键	㉗	"原稿合并"键		

（二）一体化速印机的主要性能指标

一体化速印机的技术指标中，下面几项最能体现其性能。

● **分辨率**：这是衡量一体化速印机印刷精度的主要参数之一，该值越大表明速印机的印刷精度越高，通常都在300×300dpi以上。

● **缩放比例**：指一体化速印机能对原稿进行扩大或者缩小的比例，复印比例相差数值越大，说明速印机可扩缩的范围越大，性能相对也越好。

● **印刷速度**：即每分钟打印的页数，速印机的印刷速度可以自动调节。

● **载纸量**：是指速印机所能一次性装下的最大的纸张数量，越多越好。

（三）选购一体化速印机

选购一体化速印机首先应该注意其主要的性能指标，然后需要注意以下几个方面。

● **有效印刷幅面**：标准一体化速印机有效印刷面积为8开纸，最大印刷面积可达A3幅面，达不到该标准的最好不要选购。

● **印刷方式**：根据需要选择印刷方式，主要有单张原件印刷和书刊印刷两种。

● **其他功能**：根据需要决定是否需要一台可与计算机连接直接印刷计算机中图像的一体机。

● **主要品牌**：目前市场上性能最好、价格最优、销量最大的一体化速印机主要有国产的理想和荣大，以及国外的基士得耶、理光、Duplo等品牌。

三、任务实施

（一）使用一体化速印机

使用一体化速印机印刷文件主要分为准备印刷、放置原稿、设置、开始印刷4大步骤。下面使用一体化速印机来复印文件，其具体操作如下。

STEP 1 小心向外拉动，打开进纸盘，如图4-25所示。

STEP 2 向前移动进纸导向板锁定杆，调整导向板的位置，使之与纸张尺寸匹配，如图 4-26所示。

图4-25 打开进纸盘

图4-26 调整导向板

STEP 3 将纸装入进纸盘，如图4-27所示，注意装纸前应该弄平卷曲的纸张。

STEP 4 让纸张与进纸导向板轻轻接触，然后将锁定杆移回原位，如图4-28所示。

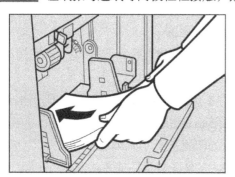

图4-27 放入纸张

图4-28 锁定导向板

STEP 5 小心向外拉动，打开输出纸盘，如图4-29所示。

STEP 6 抬起纸张输出导向板，将宽度调整到纸张尺寸，如图4-30所示。

图4-29 打开输出纸盘

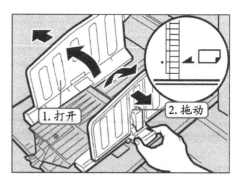

图4-30 调整导向板宽度

STEP 7 抬起纸张输出纸盘尾部的挡板，如图4-31所示，至少需要30°以上。

STEP 8 调整挡板的位置，使其与输出纸张的尺寸相同，如图4-32所示。

STEP 9 抬起曝光玻璃盖，如图4-33所示。

图4-31 抬起挡板

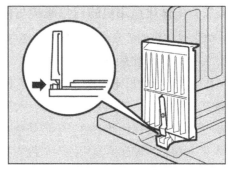

图4-32 调整挡板位置

 STEP 10 将原稿面朝下放置在曝光玻璃上，原稿与左刻度标记对齐，如图4-34所示。

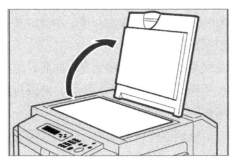

图4-33 抬起盖板

左刻度标记

图4-34 放入原稿

STEP 11 在控制面板中按制版模式选择键，使其亮起，按"启动"键，开始制版，如图4-35所示。

STEP 12 按印刷模式选择键，使其亮起，按数字键输入印刷的数量，按"启动"键，开始印刷，如图4-36所示。

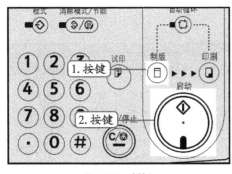

图4-35 制版

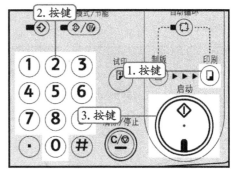

图4-36 印刷

操作提示

印刷数量应该在9999之内，印刷完成后，需要按"清除模式/节能"键，清除先前输入的作业设置，使一体化速印机返回初始状态。在印刷过程中，如果需要停止作业，需要按"清除/停止"键；清除输入值时，也可以按"清除/停止"键。按住"清除模式/节能"键并保持3s，控制面板关闭，并进入节能模式，在节能模式下按"清除模式/节能"键返回准备状态。

（二）一体化速印机的日常维护与保养

一体化速印机的日常维护与保养主要包括操作注意事项和日常维护两个方面的内容。

1. 一体化速印机的日常使用

一体化速印机的日常使用主要包括以下几个方面的注意事项。

● 印刷过程中，请勿关闭主电源、打开门或盖、移动机器。

● 让机器远离腐蚀性液体，不要让液体溅射到机器上。

● 请勿擅自修理和更换用户手册没有指定的任何部件。

● 完成当天的印刷作业后，请务必关闭机器电源。

● 如果设备长时间不使用，则一旦印筒上的油墨变干，图像浓度可能会降低。请多印几份，直到图像浓度恢复正常。

● 机器运转过程中，若电源低于规定电压值的90%，印刷质量会下降。因此，请务必确保电源输出端的供电电压至少不低于额定电压值的90%。

● 如果手上沾有油墨污迹，请避免长时间或反复接触皮肤。接触到皮肤后，请在休息和吃饭前及在工作结束时将皮肤彻底清洗干净。用无水洗手剂擦拭，然后再用肥皂和水清洗，便可很容易将皮肤上的油墨洗净。

● 机器不能放置在阳光或强光源直射的地方，空调器冷风或加热器热风直接吹到的地方，灰尘多的地方。

2. 一体化速印机的日常维护

一体化速印机的日常维护主要是定期清理一下部件，其具体操作如下。

STEP 1 抬起曝光玻璃盖或选购的自动送稿器，清洁①和②所在的位置，如图4-37所示，注意清洁曝光玻璃时，应该只清洁②所在的位置。

STEP 2 抬起曝光玻璃盖，用一块湿布清洁曝光玻璃盖，然后用一块干布将其擦净，如图4-38所示。

图4-37　清洁曝光玻璃　　　　　　　　　　图4-38　清洁曝光玻璃盖

STEP 3 用一块湿布擦掉进纸盘的搓纸辊上的纸尘，然后用一块干布将其擦干净，如图4-39所示。

STEP 4 如果一体化速印机使用的是自动送稿器，需要提起送稿器，用一块湿布清洁送稿器，然后用一块干布将其擦净，如图4-40所示。

图4-39 清洁搓纸辊

图4-40 清洁送稿器

（三）排除一体化速印机常见故障

一体化速印机的故障通常应该由专业维修人员进行排除，一些常见的小故障则可以由使用人员自己排除。表4-8为一体化速印机常见故障的排除方法。

表 4-8　排除一体化速印机常见故障

故障现象	故障分析	故障排除
速印机无法正常工作	尚未放置原稿	放置原稿
	版纸卸出盒放置不正确	确保版纸卸出盒完全放置到位
	电源出现问题	按"OK"键，或请专业人员维修
印刷件空白	进纸导向板安装不正确	请注意务必让进纸导向板与纸张轻轻接触
出现不均匀的实色图像	大的实色图像使版纸变皱	提高印刷速度或使用照片模式
卡纸	自动送稿器出现卡纸	打开自动送稿器盖，轻轻拉出卡纸

实训一　双面复印身份证

【实训要求】

很多时候需要将某些文件的双面都复印到一张纸的同一面中，如复印身份证、驾驶证、房产证等，下面就利用数码复印机的双面复印功能来复印身份证。

【实训思路】

完成本实训需要先将身份证放入复印机，然后进行双面复印设置，先复制一面，然后复印身份证的另外一面。本实训的思路如图4-41所示。

图4-41　双面复印身份证的思路

【步骤提示】

STEP 1 将身份证正面向下，放置在扫描玻璃上。

STEP 2 按"身份证双面复印/选项"键，或者"双面复印"键（有些复印机需要在控制面板中进行设置，通常为选择"多张合一"选项，并设置复印对象为"ID卡"或"身份证"）。

STEP 3 按"确定"按钮或"复印"按钮，开始复印。

STEP 4 复印完成一面后，控制面板会提示"请翻另一面"或者"再次复印"。

STEP 5 将身份证翻面，按"确定"按钮或"复印"按钮，开始复印身份证的另外一面，然后完成双面复印操作。需要注意的是，扫描时请按紧扫描盖板，否则复印件中部可能会出现一道黑线。

实训二　补充纸张并更换版纸卷

【实训要求】

利用一体化速印机复印时，可能由于复印的内容较多，导致复印纸不够，这时就需要补充纸张。当然，更换版纸卷的原因也是版纸不够，这两项操作在使用一体化速印机的过程中经常进行，需要认真掌握。

【实训思路】

本实训可综合运用前面所学知识利用一体化速印机复印多张文稿，在复印过程中补充纸张，复印完成后更换版纸卷。本实训的思路如图4-42所示。

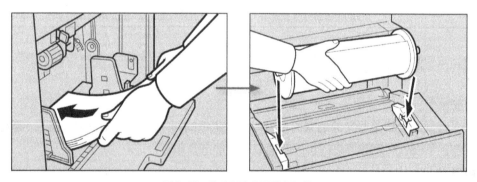

图4-42　补充纸张和更换版纸卷

【步骤提示】

STEP 1 当进纸盘缺纸时，装纸指示灯📥亮起，按"清除/停止"键。

STEP 2 在速印机外面按"进纸盘下移"键。

STEP 3 先弄平卷曲的纸张，然后将纸装入进纸盘。

STEP 4 按"启动"键恢复印刷。

STEP 5 当需要更换版纸卷时，版纸用尽指示灯📷将亮起，拉出版纸纸盘。

STEP 6 按释放按钮打开版纸进纸盖，展开新版纸卷的纸带。

STEP 7 当取出已用完的版纸卷，拉出两端卷轴，再将两端卷轴插到新的版纸卷中。注意，即使旧的版纸卷上还有一些剩余的版纸，也必须更换新的版纸卷。

STEP 8 将新的版纸卷放入版纸纸盘。

常见疑难解析

问：我们公司文件复印量并不是很大，每年大概6000张。同样复印效果的一体机功能多、价格低，但耗材成本高；复印机复印成本低，但价格高。不知从长远考虑，应该选择哪一种机器性价比更高呢？

答：长远的话还是复印机好，一体机耗材太贵，机器本身性能不如复印机稳定，加上功能多，即使是大品牌的也难免经常出现故障，且修理起来不如复印机简单。

问：使用一体化速印机时，经常发现背面有污迹，该怎么处理？

答：当使用小于原稿的纸张时，请选择合适的缩小比例；否则，可能会弄脏印刷件的背面；或者当使用明信片时，由于明信片不吸油墨，因此可能会弄脏背景。通常这种情况需要清洁一下印筒单元的压力辊，在机器中取出印筒单元，然后使用干净的布清洁压力辊即可，如图4-43所示。

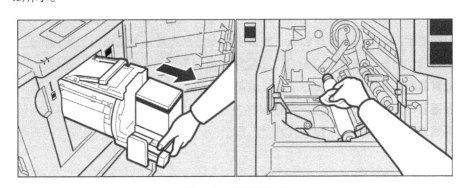

图4-43 清洁压力辊

问：在使用复印机进行双面复印，特别是双面中都有图像时，很容易出现图像透出到背面的情况，影响复印的清晰度，应该怎么处理？

答：可以找一张黑纸垫在材料背面来进行复印。找不到黑纸的话，可以将复印机盖板打开直接复印，就能生成一张均匀的黑纸，用它也能垫底。

拓展知识

1. 复印机卡纸

对复印机要经常清洁保养，定期用脱脂棉擦拭搓纸轮，这样可以有效避免卡纸。在复印底色较深的文件时，复印纸容易呈扇状卡在出纸口，而使用复印机的消边功能，同样可以减少纸卡在出纸口的概率。复印机卡纸的主要原因如下所述。

- 复印件太黑，前边留白边过少，导致卡纸。
- 硅油添加过多引起纸卷到定影上辊。
- 定影器导板上面有粉渣，使纸张无法正常输送。
- 定影器传感器杠杆过短或有异物，建议清洁或适当加长。
- 如果定影器卡纸形状呈扇形，原因就是分离爪磨钝，建议更换。
- 定影上辊破皮后易引起粘粉，导致分离爪无法正确接触上定影辊导致卡纸。
- 定影上下辊轴承磨损严重。
- 定影组件负荷太重，建议用化油器或汽油清洁齿轮和各个轴承。
- 定影传动齿轮及定影传动电机故障等。
- 定影压力不平衡及劣质受潮的复印纸也会引起定影器卡纸。

2. 复印机的常见操作顺序

复印机的操作其实是一项技术性很强的工作，正确的操作才能保证复印机的正常工作，延长复印机的使用寿命，下面介绍复印机的常见操作顺序。

- **预热：** 按下电源开关，开始预热，面板上应有指示灯显示，并出现等待信号。当预热时间达到，机器即可开始复印，这时会出现可以复印信号或以音频信号告知。
- **检查原稿：** 拿到需要复印的原稿后，需要注意原稿的纸张尺寸、质地、颜色，原稿上的字迹色调，原稿装订方式，原稿张数及有无图片等需要改变曝光量的原稿。
- **机器显示：** 应看一下操作面板上的各项显示是否正常，包括可以复印信号显示、纸盒位置显示、复印数量显示为"1"、复印浓度调节显示、纸张尺寸显示等。
- **放置原稿：** 前面已经介绍过了，正确放置即可。
- **设置复印：** 各种复印设置，如复印倍率、复印浓度、复印数量等。
- **开始复印：** 按"开始"键或"启动"键。

课后练习

（1）根据需要，为学校分别选购一台数码复印机和一体化速印机，并说明选购原因。

（2）保养数码复印机，并使用复印机双面复印自己的身份证。

（3）打开一体化速印机的外壳，查看其中的各种结构部件。

（4）分别使用数码复印机和一体化速印机复印同一份文件，看看复印效果和速度有什么区别。

情景导入

阿秀：小白，一大早你到我办公室里干什么？

小白：是这样的，刚才有个电话找你，说给你发传真，我就想帮你收一下。可是，电话一响我就接了，对面只有"嘟……"的一声，然后就没有声音了，我就挂了。电话响了好几次了，都是这样，是不是你的电话坏了？

阿秀：原来如此，你还不会使用传真机吧。

小白：对啊，那我应该怎么接收传真呢？

阿秀：很简单，电话铃响，你拿起电话，听到传真音，或者要求接收传真，你按一下传真机中的"启动/接收"键就行了。

小白：这么简单，看来我需要学习传真机的使用操作了。

阿秀：我现在就开始教你。

学习目标

- 认识常见的办公通信设备
- 熟悉办公通信设备的各种性能参数
- 熟悉办公通信设备的选购技巧
- 熟悉办公通信设备的常用操作

技能目标

- 掌握选购办公通信设备的方法
- 掌握使用办公通信设备的方法
- 掌握维护办公通信设备的方法

任务一 使用与维护电话机

电话机是通过电信号传送与接收声音的远程通信设备，在现代办公和人们的生活中应用十分广泛。下面具体介绍其使用和维护方法。

一、任务目标

本任务将认识常见的电话机，然后学习选购、使用、维护电话机的相关知识。通过本任务的学习，可以掌握电话机的基本操作，同时对选购和维护电话机有一个基本的了解，并能排除电话机的常见故障。

二、相关知识

（一）认识电话机

由于电话机有着传递信息方便、快速、可远距离通信等特点，故已经成为现代社会传递信息不可缺少的通信工具。

1. 工作原理

电话通信是通过声能与电能相互转换，并利用"电"这个媒介来传输语言的一种通信技术。两个用户要进行通信，最简单的形式就是将两部电话机用一对线路连接起来。

● 当发话者拿起电话机对着送话器讲话时，声带的振动激励空气振动，形成声波。

● 声波作用于送话器上，使之产生电流，称为话音电流。

● 话音电流沿着线路传送到对方电话机的受话器内。

● 而受话器作用与送话器刚好相反——把电流转化为声波，通过空气传至人的耳朵中。

这样，就完成了最简单的通话过程。

2. 常用功能

电话机设置在电话通信起点和终点的用户侧，是电话网的用户终端设备。尽管它们的式样千差万别，但一般都有如下基本功能。

● **声电互换**：要进行快速的、远距离的通信，不能直接传送声音，而必须先把声音变成电信号（即以电作为载体），传送给对方后再把电信号还原成为声音。

● **摘机识别**：当主叫方拿起电话机时，交换机应有能知道"有人要打电话"的功能，以便交换机做好接续准备。

● **发送信号**：自动电话机正是通过发送拨号信号来指挥电话交换机的工作，并进而建立两个电话机之间的连接的。

● **响铃**：即在对方来电时，电话机能以铃声告诉用户：有人来电话了。

3. 主要结构

电话机主要由话筒、话筒线、话机组成，下面以松下HA3939(51)P/TSDL电话机为例进行讲解，其主要结构如图5-1所示。

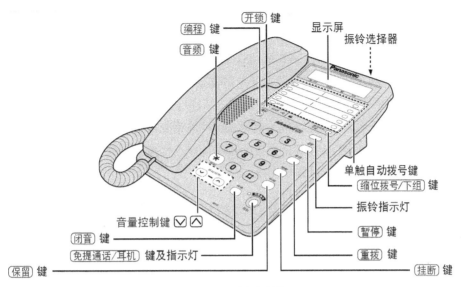

图5-1 电话机结构

各按键的功能见表5-1。

表5-1 电话机结构

部件名称	主要功能
显示屏	显示所有可能的电话机配置
振铃选择器	可以按高（HIGH）、低（LOW）或关（OFF）3个档次选择振铃音量。电话机在出厂时设为HIGH。振铃选择器设定为OFF，话机振铃不响
单触自动拨号键	通过编程键的配合，可以保存最多20个电话号码，按键自动拨号
振铃指示灯	收到电话时，话机振铃声响，振铃指示灯闪烁
暂停键	在通话时，按此键可以暂停通话
重拨键	按此键可以重拨最后一次拨过的号码
挂断键	按此键可以挂断电话
保留键	在通话时，按此键可以保持该通话，并进行其他电话机操作
免提通话/耳机键及指示灯	按此键，可以在不拿起话筒的情况下进行电话通信
音量控制键	按键提高或降低电话机音量

（二）电话机的类型

电话机随着其生产技术的发展而产生不同的类型，其功能也从单一功能向多功能、专项功能发展。按其发展顺序，电话机有如下几种主要类型及功能。

● **拨号盘式电话机**：属于第二代电话机，其电路简单、功能单一。

● **按键式电话机**：属于第三代电话机，是目前主要使用的电话机类型。

● **扬声电话机**：来话信号放大并在扬声器中送出，也称为免提拨号电话机。

● **免提电话机**：不用拿起手柄就可通话，可实现一人讲话多人听，适合于做会议电话终端。

- **无绳电话机**：副机与座机"无线电"相通。用户通过座机与交换机连接，副机可在离座机一定距离内打电话或接听，副机与座机之间也可通话。
- **投币电话机**：专用于公共场所，既可通话，又可收费的一种电话机。
- **磁卡电话机**：利用磁卡可即时收费的一种电话机。

1. 程控电话

程控电话是指接入程控电话交换机的电话，程控电话交换机是利用电子计算机来控制的交换机，它以预先编好的程序来控制交换机的接续动作。程控电话具有接续速度快、业务功能多、效率高、声音清晰、质量可靠等优点。

知识补充

简单地说，程控电话其实就是加上了程控功能的普通电话。对于办公，使用程控电话拨打公司内部电话，只需要拨两三位数的号码即可通话；使用程控电话拨打公司外部的电话，则需要在电话号码前加拨一个自编代码。

程控电话除了可提供语音、数据和图像通信及其他信息交换服务外，还能够提供多种服务功能。

- **缺席用户服务**：当用户外出而有电话呼入时，可由电话服务商提供语音服务，替用户代答，以避免对方反复拨叫。
- **缩位拨号**：是位数较多的电话号码用1~2位自编代码来代替的一种功能。此项服务可用于拨叫市内（本地）电话，也可用于拨叫国内、国际长途直拨电话。使用缩位拨号功能可以减少拨号时间，便于记忆，减少差错。
- **热线服务**：使用该项服务时，只要拿起话筒后在规定时间内不拨号，就会自动拨打连接到被设置为"热线"的电话号码。一个用户所登记的热线服务只能有一个被叫用户，但可随时改变。已登记了热线服务的电话，照常可以拨叫和接听其他电话，只是在拨叫其他电话时，需在拿起话筒后5s内拨出第一位号码。
- **呼出限制**：又称"发话限制"。使用该项服务性能，用户可根据需要，限制呼叫国际和国内长途自动电话，但不限制市内电话。
- **闹钟服务**：电话机可按用户预定的时间自动振铃，提醒用户去办计划中的事。使用该项业务，可使电话机起"闹钟"的作用。
- **转移呼叫**：也称为"电话跟踪"。使用该服务，可以将所有呼叫用户的电话机的电话自动转移到用户临时指定的电话机上。
- **遇忙回叫**：使用此项服务，当用户拨打对方电话遇忙时，可以挂机等候，不用再拨号，一旦对方电话空闲，既能自动回叫接通。
- **免打扰服务**：又称"暂不受话服务"，用户登记该项服务后，所有来电将由电话服务商代答，但呼出不受限制。登记免打扰服务不能同时登记转移呼叫服务、缺席用户服务、遇忙回叫服务。
- **呼叫等待**：当A用户正与B用户通话，而C用户又呼叫A用户时，A用户在话筒中会听到一个呼叫等待音，表示另有用户等待通话。这时，A用户可以请B用户稍等而转与

C用户通话，也可以请C用户稍等而继续与B用户通话。

● **三方通话：** 使用此项服务，当用户与对方通话的情况下，如需要另一方加入通话，可在不中断与对方通话的情况下，拨叫出另一方，实现三方共同通话或分别与两方通话。

● **遇忙记存呼叫：** 该项服务表示当被呼叫的用户"忙"时，该被叫用户电话号码会被记存，继续呼叫该用户时，只要拿起话筒，不再拨号，等待5s，如果这时被叫用户空闲，即可自动接通电话。

● **主叫号码显示：** 该项业务被叫用户提供主叫用户的电话号码，使被叫用户在应答电话前可知道是谁来电以确定是否接听。

2. 可视电话

可视电话是由电话机、摄像设备、电视接收显示设备及控制器组成的，利用电话线路实时传送人的语音和图像（用户的半身像、照片、物品等）的一种通信方式。图5-2所示为一台可视电话机，其主要的功能就是进行视频通信，非常适合远程办公使用。

图5-2　可视电话

（三）选购电话机

电话机虽然种类繁多，功能更多不胜数，但要选购到一部满意而又具备质量保证的电话机其实并不难，需要注意以下几点。

● **外观：** 电话机的外壳塑料应该光洁，工艺考究，各按键部位手感良好，不应有弹不起或慢弹现象。

● **声音：** 新购电话机在接通线路后，应检查振铃是否清脆，发话及受话是否清晰响亮，话筒中不应有尖锐的啸叫声及器材杂音。

● **功能：** 对于有多种功能的电话机、免提话机、录音话机、无绳电话机等还应逐项检查，电话按键、免提性能、充电指示灯显示、录音、放音增音、存储重拨、暂停等功能是否完好有效。某些有干扰的地区，新装用户需购买抗干扰电话机，以免带来不必要的麻烦。

● **主要品牌：** 目前的国内电话机市场常见到的国外品牌有松下、飞利浦、西门子等，国内品牌有联想、中诺、TCL、纽曼、步步高等。

三、任务实施

（一）使用电话机

使用电话机主要有组装电话机、拨打电话、接听电话等操作，下面以松下HA3939(51)P/TSDL电话机为例进行讲解。

1. 组装电话机

组装电话机主要是为电话机安装电池、连接电话机和连接电话线，其具体操作如下。

STEP 1 朝箭头方向向下按，取下电池盒盖，按如图5-3所示顺序正确安装电池，保证极性正确，关闭电池盒盖。

STEP 2 使用话筒线连接话筒和电话机，使用电话线连接电话机和电话服务商提供的电话插口，如图5-4所示。

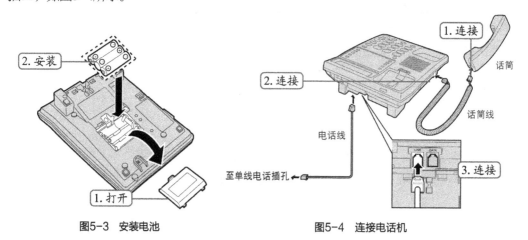

图5-3　安装电池　　　　　　图5-4　连接电话机

操作提示　通常电话机的电话线接口标记为"LINE"。另外，电话机组装完成后，应该拿起话筒检查是否有拨号音（"嘟……"的连续音）。

2. 拨打电话

拨打电话时，只需要拿起话筒，按电话号码对应的数字键即可。要挂机，直接将话筒放回电话机上即可。如果要使用扬声器拨打电话，则需要以下几个步骤。

STEP 1 按免提通话/耳机键，指示灯亮。

STEP 2 按数字键拨打电话号码，电话机的显示屏中将显示该号码，接通后，显示屏将显示通话时间。

STEP 3 电话接通，对方答话后，对着麦克风讲话。

STEP 4 通话完毕，再次按免提通话/耳机键，指示灯灭，显示屏显示待机状态。

3. 接听电话

收到电话时，话机振铃声响，振铃指示灯闪烁，只需要拿起话筒就可以应答。如果要使用扬声器接收电话，其具体操作如下。

STEP 1 按免提通话/耳机键，指示灯亮。

STEP 2 对着麦克风讲话。

STEP 3 通话完毕，再次按免提通话/耳机键，指示灯灭。图5-5所示为拨打和接听电话时常用按键和各种指示灯。

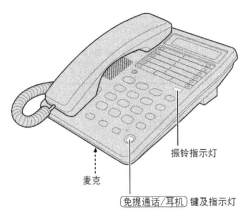

振铃指示灯

麦克

免提通话/耳机 键及指示灯

图5-5　拨打和接听电话

（二）电话机的日常维护与保养

电话机的日常维护与保养应注意下列几点。

● **防湿、防日照、防高温**：勿将电话机放在阳光直射处、潮湿处、空调或暖气片旁。

● **防尘**：电话机表面要经常用软布擦拭，保持清洁，不要将电话机放在尘土多的地方。

● **保持话筒清洁**：经常清除话筒上的水汽，以免因受潮而声音失真。

● **其他**：不要反复扭折连线和碰撞电话机。

（三）排除电话机常见故障

电话机出现故障通常都可以由使用人员自己排除，如果不能排除可以送修或者直接更换新电话。表5-2为电话机常见故障的排除方法。

表 5-2　排除电话机常见故障

故障现象	故障分析与排除
话机不工作	检查设置情况
	取下电池再重新装上，使话机复位
话机振铃不响	振铃选择器设为关闭（OFF），重新设置
无法拨号	检查一下拨号方式选择是否正确
	检查开锁方式，看话机是否被锁定
	被拨的号码是被限制的
在通话时对方突然听不到自己的声音	在通话时可能按了闭音键或静音键
无法用重拨键进行重拨	如果最后一次拨的号码超过32位，则该号码不能正确重拨
以前预置的信息被删除	如果安装在话机内的电池用完了，预置的信息会被删除

故障现象	故障分析与排除
不能将电话号码保存在记忆器中	如果有来电处于通话待机状态，则无法进行编程
	检查一下话机是否装有电池，电池电量是否足够
	不要输入 22 位以上的电话号码
	使用开锁功能或呼叫限制功能时，无法用紧急键保存电话号码

任务二 使用与维护传真机

通过传真机可以不受地域限制发送信息，而且其传送速度快、接收的副本质量好和准确性高，现已成为众多公司传递信息的重要工具之一。下面具体介绍其使用和维护方法。

一、任务目标

本任务将认识常见的传真机，然后学习选购、使用、维护传真机的相关知识。通过本任务的学习，可以掌握传真机的基本操作，同时对选购和维护传真机有一个基本的了解，并能排除传真机的常见故障。

二、相关知识

（一）认识传真机

传真机是现代图像通信设备的重要组成部分，它是目前采用公用电话网传送并记录图文真迹的唯一一技术手段。传真通信是把记录在纸上的文字、图表和相片等静止的图像变换成电信号，经传输线路传递到接收方，在接收方获得与发送原稿相似的记录图像的通信方式。

1. 工作原理

传真通信和其他通信系统一样，由发送、接收和通信线路3部分组成。要将一张原稿完整地由发送方传送到接收方，首先就要将传真图像经发送方进行图像扫描、数字化处理、编码和调制成模拟信号后，送往传输线路，经线路传送到接收方后，经过解调、译码、记录转换和接收扫描，最后还原为与发送图像一致的图像信息。传真机的基本工作原理可以归纳为5个环节：发送扫描、光电变换、传真信号的调制解调、记录变换和接收扫描。

2. 主要类型

文件传真机是办公中常用的传真机类型，通常文件传真机又可以分为热敏纸传真机（也称为卷筒纸传真机）、热转印式普通纸传真机、激光式普通纸传真机（也称为激光一体机）和喷墨式普通纸传真机（也称为喷墨一体机）4种类型。

- **热敏纸传真机**：这是由一种热转印技术发展而来的传真机类型，其原理是通过热敏打印头将打印介质上的热敏材料熔化变色，生成所需的文字和图形。
- **热转印式普通纸传真机**：热转印式普通纸传真机的成像原理类似针式打印机的原理，都是用热敏头通过感热色带将文档打印到普通的纸张上。由于可以打印在普通的纸张上，这样就可以减少热敏纸需要复印才能保存的麻烦，许多热转印传真机还同时具有多张复印功能。

- **激光式普通纸传真机**：激光式普通纸传真机和激光式打印机类似，都是利用碳粉附着在纸上成像的工作原理，进行文字或图形图像传真的机器。
- **喷墨式普通纸传真机**：功能有点类似于喷墨式打印机，具备复印、打印、传真和扫描的功能，而且价格非常便宜，通常在1000元以内，还能打快照和彩色文稿等，经济实惠，适用于中小公司。

知识补充　　传真机的种类比较多，分类方法各不相同，除了办公常用的文件传真机外，还有相片传真机、报纸传真机和气象传真机等类型。

3. 主要结构

传真机的结构主要分为外部和控制面板两个部分，下面以松下KX-FP7009CN传真机为例进行讲解。

- **外观**：图5-6所示为传真机的外部结构，对应名称见表5-3。

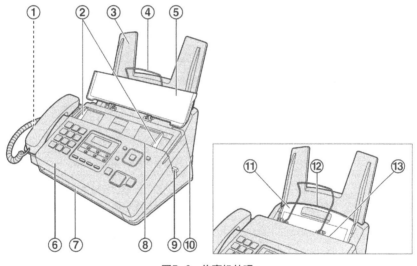

图5-6　传真机外观

表5-3　传真机外观

号码	名称	号码	名称	号码	名称	号码	名称
①	扬声器	⑤	送稿盘	⑨	绿色钮（后盖开盖钮）	⑫	记录纸入口
②	文稿引导板	⑥	前盖			⑬	记录纸出口
③	载纸盘	⑦	文稿出口	⑩	后盖		
④	记录纸支架	⑧	文稿入口	⑪	拉力板		

- **控制面板**：图5-7所示为传真机的控制面板，对应名称见表5-4。

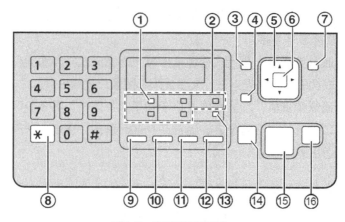

图5-7 传真机控制面板

表5-4 传真机控制面板

号码	名称	功能
①	"多站点发送"键	向多方发送文稿
②	组键	使用一键通功能
③	"来电显示"键	使用来电显示功能
④	"菜单"键	开始或结束编程
⑤	"导航"键	调节音量或搜索存储的项目
⑥	"设定"键	在编程时存储设定
⑦	"自动接收"键	打开／关闭自动接收设定
⑧	"音频"键	当用户的线路具有转盘／脉冲服务时，在拨号中可暂时将脉冲改为音频
⑨	"闪断"键	使用特殊的电话服务或转接分机通话或闪断时间可以更改
⑩	"重拨"／"暂停"键	重拨最后拨过的号码。如果当使用"监听"键拨打电话时或者当发送传真时占线，本机将自动重拨2次或以上该号码或者在拨号中插入暂停
⑪	"话筒静音"键	在通话过程中使对方听不到您的声音。再按一次可以继续通话
⑫	"监听"键	在不拿起话筒的情况下拨号
⑬	"下一组"键	对于一键通功能选择6~10组
⑭	"停止"键	停止某项操作或编程或者删除字符／数字
⑮	"传真／开始"键	发送或接收传真
⑯	"复印"键	复印文稿

（二）传真机的主要性能指标

传真机的技术指标中，下面几项最能体现其性能。

● **分辨率**：分为垂直分辨率和水平分辨率。三类传真机国际标准的水平扫描密度为8像素点/mm，垂直方向的扫描密度则可分为标准3.85线/mm、精细7.7线/mm、超精细15.4线/mm。一般而言，中、高档传真机均具有超精细功能。无超精细功能的传真机在复印或发送时，对细小文字、复杂图像的处理会丢掉某些细节。

- **有效记录幅面**：分为A4和B4两种类型，同等功能条件下，B4幅面的传真机往往比A4幅面的价格高许多，B4幅面的传真机比较适合于办公使用。
- **发送时间**：指传真机发送一页国际标准样张所需要的时间，发送时间一般为6~45s。发送时间在9s以下的为高档传真机，最快可达6s。
- **中间色调**：传真机具有的中间色调的级数越多，其所记录与传输得到副本的图像层次就越丰富、越逼真。对于经常需要对图像信息进行传真和复印的用户来说，采用CCD扫描方式的传真机当为首选，并且应选择具有64级中间色调的传真机。
- **适用性**：G1、G2、G3表示不同的组别，数字越高越好，高组别的可兼容低组别的传真机，现在一般均为G3。

（三）选购传真机

选购传真机首先应该注意其主要的性能指标，然后需要注意以下几个方面。

- **确定用途**：目前市场上主要有商用和家用两类传真机，两者在功能、价格上均有较大差异。若收发传真的数量不大、频率不高，则购买家用机较为合算；相反，应选择功能比较全面，高速的商用机。
- **附加功能**：在同等价格下，应当选购具备存储发送、定时接收、无纸接收、自动重拨、语音答录、自动切纸等附加功能的机型。
- **售后服务**：无论购买何种品牌，均建议在该品牌代理商、有维修能力的商家购买，以求有保证的售后服务。购买时，注意产品保修卡、中文说明书、出厂编号、CIB标志、长城标志、入网标志及适应中国电压的电源（220V、50~60Hz），正规传真机的电源插头应为三向扁插头。
- **主要品牌**：目前的国内传真机市场常见到的国外品牌有松下、飞利浦、夏普等，国内品牌有联想、傲发、光电通等。

三、任务实施

（一）使用传真机

使用传真机包括安装传真机、连接传真机、发送传真和接收传真等操作。

1. 安装传真机

安装传真机通常需要安装印字薄膜、话筒线、载纸盘和记录纸支架。下面以松下KX-FP7009CN传真机为例，其具体操作如下。

STEP 1 打开送稿盘，向上拉前盖的中间部分以打开前盖（①），如图5-8所示。

STEP 2 关闭送稿盘（②），并按绿色钮（③）松开后盖，或者向里按绿色控制杆（④）以松开后盖，如图5-9所示。

STEP 3 打开后盖，如图5-10所示。

STEP 4 将印字薄膜辊的蓝色齿轮（⑤）插入本机的左前插槽中，将印字薄膜辊的白色齿轮（⑥）插入本机的左后插槽，如图5-11所示。

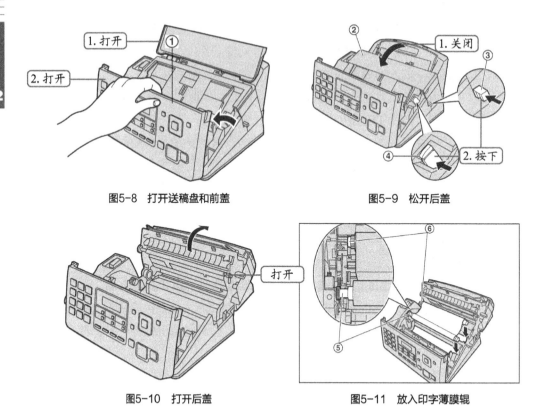

图5-8　打开送稿盘和前盖　　　　　　　图5-9　松开后盖

图5-10　打开后盖　　　　　　　图5-11　放入印字薄膜辊

　操作提示

可以用手触摸印字薄膜，不会像复写纸那样粘到手上。确保安装后的蓝色齿轮和白色齿轮如图5-11所示。

STEP 5　按照箭头所示的方向转动蓝色齿轮（⑦），直至印字薄膜拉紧，而且至少在蓝芯上缠绕一圈印字薄膜（⑧），如图5-12所示。

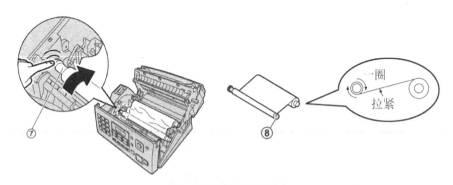

图5-12　安装印字薄膜

　操作提示

需要正确地将印字薄膜缠绕在蓝芯上一圈，如图5-13所示的为错误的缠绕操作，这些操作将导致传真机不能正常工作。

STEP 6　向下按后盖两端带有凸点的区域（⑨），关上后盖，如图5-14所示，然后关紧前盖。

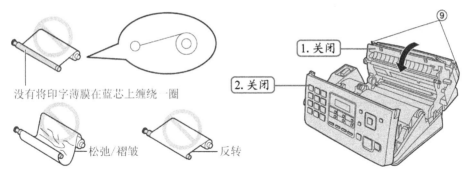

没有将印字薄膜在蓝芯上缠绕一圈

松弛/褶皱　　反转

图5-13　错误的缠绕方式　　　　　　图5-14　关紧前后盖

STEP 7　将话筒线连接到话筒和传真机（方法与连接电话机相同），如图5-15所示。

STEP 8　将载纸盘（⑪）薄片（⑩）插入本机背面的插槽（⑫），如图5-16所示。

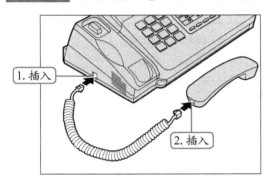

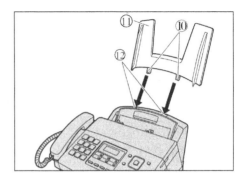

图5-15　连接话筒线　　　　　　　　图5-16　安装载纸盘

STEP 9　将记录纸支架（⑬）插入记录纸出口右侧的插槽（⑭）中，然后插入左插槽（⑮），如图5-17所示。

STEP 10　翻松纸张以免卡纸，将拉力板向前拉（⑯），然后轻轻地插入纸张，打印面朝下（⑰），如图5-18所示，注意不应使纸张超越薄片（⑱）。

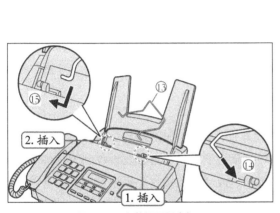

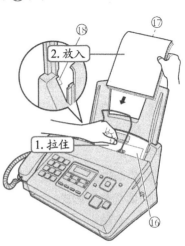

图5-17　安装记录纸支架　　　　　　图5-18　放入记录纸

2. 连接传真机

连接传真机主要包括连接电话线（①）、电源线（②）、电话分机和答录机（④）等，将这些设备分别插入对应的接口，如图5-19所示，图中（③）所示为传真机的电话分机接口。如果本机和计算机一起使用，并且Internet提供商要求安装滤波器（⑤），请按如图5-20所示进行连接。

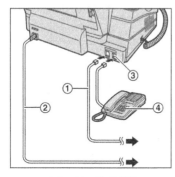

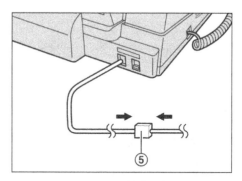

图5-19　连接线缆　　　　　　　　　　　　　　　图5-20　连接网络

3.发送传真

连接好传真机后就可以发送传真了，其具体操作如下。

STEP 1　将发送的文件正面朝下放入纸张入口中（在发送时，应把先发送的文件放置在最下面），如图5-21所示。

STEP 2　拨打接收方的传真号码，要求对方传输一个信号，当听到从接收方传真机传来的传输信号（一般是"嘟"声）时，在"操作面板"中按下"开始"键，如图5-22所示。

图5-21　放入要传送文件　　　　　　　　　　　　图5-22　拨号要求传输信号

STEP 3　听到传真机响起时拿起话筒，对方要求发送一个信号，按"开始"键发送信号，对方发送传真数据后，传真机将自动接收传真文件。

4.接收传真

用户可按"功能"键设置传真机的接收方式，共有4种接收方式。

● **"电话优先"方式**：电话铃响起时，拿起话筒，传真机发现收到的是传真而不是电话时，会给出"请放下电话开始接收"或"开始接收"等语音提示，系统自动开始接收传真。若电话无人接听，传真机将自动转为接收传真方式开始接收传真。

- **"传真优先"方式**：当对方选用自动发送传真时，电话铃响3声后传真机就会自动接收传真；当对方选用手动发送传真时，电话铃第二次响3声后传真机自动接收传真。
- **"传真专用"方式**：电话铃响一声后传真机开始自动接收传真。此方式在接收传真时还可向外拨打电话，但不能接听电话，也不能使用电话录音功能。可用此方式设置只接收电话簿上登录的用户发来的传真，可防止垃圾传真；还可为此方式设置指定时间段响铃或不响铃接收。
- **"传真录音"方式**：电话铃响两声后电话接通，开始播放录音留言，录音留言播放完毕后自动切换为传真接收方式或电话录音方式。

（二）传真机的日常维护与保养

为了延长传真机的使用寿命，保证传真质量，有效地发挥传真机的作用，要做好传真机的保养和维护工作。下面介绍传真机的使用注意事项，以及日常维护、清洁、保养等方法。

1.传真机的使用注意事项

- **注意使用环境**：传真机应放在室内的平台上，与其他物品保持一定的空间距离，可利于通风并避免造成干扰；避免受到阳光直射和热辐射；勿将机器置于潮湿、灰尘多的环境；不要把传真机安装在有震动和不稳固的地方，以及冷、暖机附近；尽量不与空调、打字机等易产生噪声的机器共用一个电源；在遇到闪电、雷雨等天气时，应立即停止使用传真机，并且拔掉电源和电话线，以免雷击造成损坏。
- **注意开机频率**：频繁地开关机容易导致机内元器件提前老化，每次开机的冲击电流也会缩短传真机的使用寿命；但不能长时间不开机，每半年应开机4小时以上，以免传真机电池的电压低于正常值。
- **尽量使用标准传真纸**：应参照说明书使用推荐的传真纸。劣质传真纸光洁度不够，使用时会对感热记录头和输纸辊造成磨损；记录纸上的化学染料配方不合理，会使打印质量不佳。
- **检查原稿是否规范**：若原稿不规范则会造成卡纸、轧纸和撕纸等故障，严重的还会损坏设备。凡出现以下情况之一的原稿都不能使用：大于技术规格规定的最大幅面的原稿；小于最小幅度或小于文件检测传感器所能检测到的最小距离的原稿；严重皱折、卷曲、破损或残缺的原稿；过厚（大于0.15mm）或过薄（小于0.06mm）的原稿；纸上有大头针、回形针或其他硬物的原稿。

2.传真机日常清洁和保养

- **保持机器表面清洁**：使用传真机时应注意保持机器表面的清洁，外壳及其他部件一般可用干布擦拭，切勿使用苯或稀释液擦拭。
- **做好记录头清洁**：传真机的记录头洁净与否，是传真效果的重要保证，因此应注意经常清洁。清除灰尘时，应先切断电源，打开操作面板，取出记录纸，然后用干净的软布蘸化学纯酒精轻轻擦拭记录头和记录头盖。若传真机刚接收了大量文件，记录头可能发热，此时不能马上进行清洁工作，以免损坏记录头。

● **定期清洁传真机内部**：经过一段时间使用后，原稿滚筒和扫描仪上会累积灰尘，最好每半年清洁一次。原稿滚筒可使用干净的软布或蘸酒精的纱布进行清洁。扫描仪部分在传真机内部，需要使用特殊的清洁工具，切不可直接用手或布、纸进行擦拭。

（三）排除传真机常见故障

传真机的故障最好由专业维修人员进行排除，一些常见的小故障则可以由使用人员自己排除。表5-5为传真机常见故障的排除方法。

表 5-5　排除传真机常见故障

故障现象	故障分析与排除
听不到拨号音	电话线连到了"分机接口"插孔，应该连接到"电话线接口"插孔
	将本机的电话线拔下，然后连接一台操作正常的电话机。如果此电话操作正常，请维修人员修理本机；如果此电话不能正常操作，请电话公司维修
不能打电话	拨号方式设定有错误，参照说明书重新设定
接收传真方抱怨他们只能听到传真音但不能通话	设定了传真专用方式。请通知接收方此号码是传真专用号码
	将接收方式改为电话方式或电话/传真方式
不能发送文稿	电话线连到了"分机接口"插孔，应该连接到"电话线接口"插孔
	接收方的传真机占线或记录纸用完。请再试一次
	接收方的传真机未能自动接收传真。手动发送传真
不能发送海外传真	请使用海外传送方式
	请在电话号码结尾加两次暂停或手动拨号
不能接收文稿	电话线连到了"分机接口"插孔，应该连接到"电话线接口"插孔
不能自动接收文稿	接收方式被设定为电话方式。将接收方式改为传真专用方式或电话/传真方式
虽然显示"连接中……"，但没有收到传真	接收方式设定为传真专用方式，并且来电不是传真。将接收方式改为电话方式或电话/传真方式

任务三　使用与维护移动电话

移动电话，或称为无线电话，通常称为手机，原来只是一种通信工具，现在其功能已经发展为在较广范围内使用的便携式通信和网络终端。下面具体介绍其使用和维护方法。

一、任务目标

本任务将认识常见的移动电话，然后学习选购、使用、维护移动电话的相关知识。通过本任务的学习，可以掌握移动电话的基本操作，同时对选购和维护移动电话有一个基本的了解，并能排除移动电话的常见故障。

二、相关知识

（一）认识移动电话

移动电话通常分为智能型和非智能型两种，一般智能型的性能比非智能型好，但是非智能型比智能型稳定，现代办公中主要使用智能型移动电话。

1. 主要特点

移动电话的主要特点就是能够在任何有移动电话信号的地方进行通信，除此以外，智能型移动电话还具有以下几种特性。

- **具备无线接入Internet的能力**：即需要支持GSM网络下的GPRS或者CDMA网络的CDMA1X或3G（WCDMA、CDMA-2000、TD-CDMA）网络，甚至4G（HSPA+、FDD-LTE、TDD-LTE）。
- **具有便携式计算机的功能**：包括个人信息管理、日程记事、任务安排、多媒体应用、浏览网页等。
- **具有开放性的操作系统**：拥有独立的核心处理器（CPU）和内存，可以安装更多的应用程序，使智能手机的功能可以得到无限扩展。
- **人性化**：可以根据个人需要扩展机器功能。根据个人需要，实时扩展机器内置功能，以及软件升级，智能识别软件兼容性，实现了软件市场同步的人性化功能。
- **功能强大**：扩展性能强，第三方软件支持多。

2. 移动电话在办公中的用途

移动电话办公，也称移动办公，是一种利用移动电话，实现企业办公信息化的全新方式，它是移动通信、计算机与Internet三者融合的最新信息化成果。目前，移动电话办公包括两种类型，一种是利用运营商的托管服务，企业自身无需搭建任何平台，只需要向运营商租用服务，即可获得包括移动办公自动化、移动邮箱、移动进销存等在内的一整套办公服务，其主要面向对象为国内的中小企业；另一种是通过移动电话的操作系统和各种办公软件，通过Internet进行个人终端办公。

3. 主要结构

移动电话主要是由触摸屏、机壳和各种按键组成，下面以三星SM-N9006移动电话为例进行讲解。图5-23所示为其外部结构，表5-6所示为主要按键的功能。

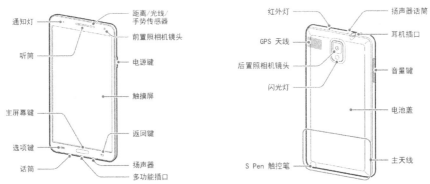

图5-23　移动电话外部结构

表 5-6　移动电话主要按键

名称	功能
"电源"键	按住以打开或关闭设备
	如果设备出现致命错误、挂断或死机，按住超过 7s 可重启设备
	按下以锁定设备或打开屏幕。触摸屏关闭时，设备将进入锁定模式
"选项"键	按下以打开当前屏幕上可用的选项列表
	在主屏幕上按住以启动搜索功能
"主屏幕"键	按下以返回到主屏幕
	按住以打开最近应用程序的列表
"返回"键	按下以返回到上一个屏幕
"音量"键	按下以调整设备音量

（二）移动电话的主要性能指标

下面介绍移动电话的一些重要性能参数，通过它们能基本判定移动电话的性能高低。

● **屏幕材质**：移动电话屏幕材质有TFT、OLED、Super AMOLED、IPS硬屏等很多种，其中，在色彩艳丽程度、可视角度及阳光下显示效果较好的当属Super AMOLED；而IPS屏幕在色彩还原、色彩保护度和视觉舒适度方面表现较为突出。

● **屏幕分辨率**：屏幕的分辨率越高并不代表移动电话的显示效果越好，同为720×1280分辨率的屏幕在4英寸的屏幕上的显示效果一定远远好于5英寸屏幕。对于一般用户来说，使用一款300PPi（像素密度，即每英寸屏幕所拥有的像素数，像素密度越大，则显示越细腻）和400PPi的屏幕，却看不出太大的区别。

● **移动电话性能**：影响移动电话性能的可并非只有CPU一个因素，其中最为直接影响的便是内存和存储容量（越大越好）。除了这些硬件外，系统的优化程度不同也影响着移动电话操作的流畅性。

● **电池容量**：对于容量非常好判断，通过数字直观就能判断移动电话的容量大小。但需要注意的是，屏幕材质、大小、系统优化、CPU等都会影响电池的容量。

（三）选购移动电话

在选购移动电话时，并不能把性能指标看做选择前的一切标准，最好亲自体验才更靠谱。另外，还需要注意以下几个方面的内容。

● **选好品牌**：市面上销售的国内、国外移动电话品牌种类很多，选购时应主要从该品牌生产商的信誉、售后服务、产品质量及相关配件等方面来考虑。

● **选好商家**：一般可以到厂家的专营店或指定经销店进行购买，因为厂家专营店对所代理销售的产品了解最深入，附件也齐全，售后服务不仅直接而且完善周到。

● **查验配件**：标准配置包括电池、充电器、耳机等；包装盒是否有中文标识；是否有原厂中文说明书、原厂合格证、保修卡；电源插头是否符合我国制式。

● **索取购机凭证**：购买移动电话后，要注意向商家索取购货凭证，凭证上应写清产品的规格型号、电子串号、购买日期等，以备发生争议时向有关部门提供证据。

三、任务实施

（一）使用移动电话

使用移动电话的操作主要是拨打和接听电话，其方法和使用普通电话相同，这里不再赘述。下面就介绍安装电话卡和电池、充电和打开移动电话，以及常用手指操作。

1. 安装电话卡和电池

安装电话卡和电池的具体操作如下。

STEP 1 打开移动电话的后盖，如图5-24所示。

STEP 2 使金色触点面朝下，推入电话卡插槽，如图5-25所示，直至锁定到位。

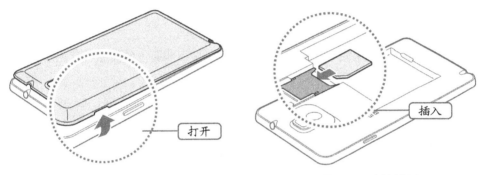

图5-24　打开后盖　　　　　　　　　图5-25　安装电话卡

STEP 3 将电池有金色触点的部分对准电话电池盒中有金属凸出的位置，安装电池，如图5-26所示。

STEP 4 盖上移动电话后盖，如图5-27所示。

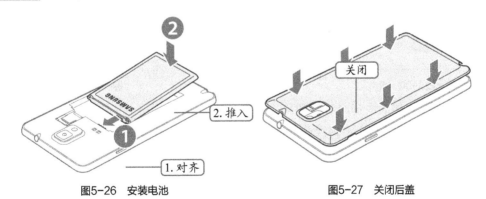

图5-26　安装电池　　　　　　　　　图5-27　关闭后盖

2. 充电和打开移动电话

充电和打开移动电话的具体操作如下。

STEP 1 将电话的USB电源线的一端连接到USB电源适配器，另一端连接到电话的多功能插入，如图5-28所示，注意有USB标识的一端应该朝上。

STEP 2 按住电源键几秒钟，如图5-29所示就能打开移动电话，首次使用移动电话，应该按照屏幕提示设置设备。

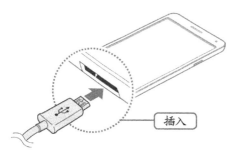

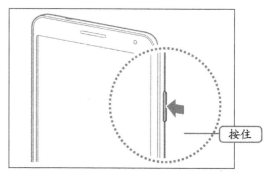

图5-28　充电　　　　　　　　　　　　　　　　　图5-29　开机

3. 手指操作

使用移动电话的常见手指操作包括以下几种。

● **点击**：欲打开应用程序，选择功能表项目，按下屏幕上的按钮或使用屏幕键盘输入字符，用手指点击即可，如图5-30所示。

● **点住**：点击某一项目两秒钟以上，可以访问该项目可用的选项，如图5-31所示。

● **拖动**：如果需要将电话中的项目、图标、文件移动到新的位置，将其点住，拖曳到新的位置即可，如图5-32所示。

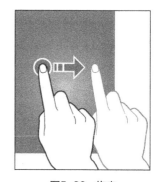

图5-30　点击　　　　　　　　　图5-31　点住　　　　　　　　　图5-32　拖曳

● **双击**：在移动电话中打开的网页、文件、图像上双击，可以将其中的某一部分放大，如图5-33所示，再次双击将返回。

● **滑动**：在移动电话的主屏幕或者打开的应用程序的屏幕上，向左或向右快速地滑动，可以查看其他的显示面板；向上或向下快速地滑动，可以查看网页或列表，如图5-34所示。

● **合拢**：在移动电话中打开的网页、文件、图像上分开两指，可以将某一部分放大；合拢则可以缩小，如图5-35所示。

图5-33 双击

图5-34 滑动

图5-35 合拢

（二）移动电话的日常维护与保养

移动电话的维护与保养主要包括机器和电池两个方面。

1.移动电话

移动电话的设备维护主要包括以下4个方面。

- **使用保护套**：保护套的功能一是能够减少电话外壳的磨损，二是发生摔倒或遇水时能够减轻电话所受的伤害。
- **注意使用环境**：移动电话上都有细缝或小孔，水汽很容易渗入进去而导致电路板受侵蚀，所以不要在雨中或浴室内使用。
- **注意携带方法**：每个人携带移动电话的方法都不太一样，好的携带习惯可以延长使用寿命，而一些不好的携带方式则会导致电话损坏概率大增。
- **远离磁体**：电话扬声器本身具有磁性，因此勿让其经常接触多铁粉的地方，以免扬声器出声孔吸入过多的铁粉，并附在扬声器薄膜上，造成听筒声音变小，甚至听不到。

2.电池

电池是移动电话的动力来源，其维护主要包括以下4个方面。

- **注意电池的充电时间**：锂电池应当充满电就断开充电器，过长时间的充电不但没有效果，反而使电池保护电路和充电器都快速老化，提前报废。
- **谨慎选择充电器**：最好选择原装的充电器。如果一定要另配一个充电器，则充电的时候应当非常小心，充满就要拔，以免过充损坏电池。
- **锂电池不能放电**：锂电池没有记忆效应，不需要放电。当电量快要不足时应当及时充电。如果锂电池过度放电，将造成永久损坏，无法继续使用。
- **不要等到自动关机才充电**：锂电池等到自动关机再充电，长此以往将损害电池。如果电池检测电路存在误判而让电池过放电，只要一次就会让电池报废。

（三）排除移动电话常见故障

移动电话出现故障时，可以按表5-7所示的方法进行解决，如果无法排除故障，再联系厂商售后服务。

表 5-7　排除移动电话常见故障

故障现象	故障分析与排除
无法开机	电池完全放电时，设备将无法打开，请先为电池完全充电
	电池可能未正确插入，重新插入电池
	擦拭电池的金色触点，并重新插入电池
触摸屏反应缓慢或出错	如果为触摸屏装上保护盖或可选的配件，可能无法正常工作
	如果在触摸屏幕时佩戴手套、手不干净或用尖利物体、指尖点击屏幕，可能会发生故障
	触摸屏在潮湿环境中或接触到水时，可能发生故障
	重新启动设备以清除任何暂时性软件错误
	确保设备软件已升级到最新版本
	如果触摸屏收到刮擦或损坏，请联系生产厂商
电话无法接通	确保已进入正确的移动电话网络
	确保未对拨打的电话号码设置呼叫限制
	确保未对该呼入电话号码设置呼叫限制
通话时对方无法听到用户的声音	确保未盖住内置话筒
	确保内置话筒靠近用户的嘴部
	如果使用耳机，请确保耳机连接正确

实训一　排除传真机卡纸故障

【实训要求】

传真机最常见的故障就是卡纸，下面就根据不同情况排除传真机的卡纸故障。

【实训思路】

本实训首先排除记录纸卡纸故障，然后是文稿卡纸故障。本实训的思路如图5-36所示。

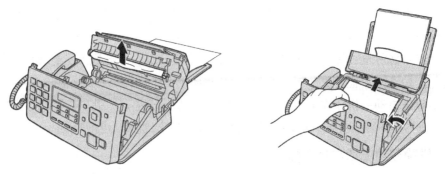

图5-36　排除传真机卡纸故障

【步骤提示】

STEP 1　打开送稿盘，向上拉前盖的中间部分以打开前盖，关闭送稿盘。

STEP 2 打开后盖，取出卡住的记录纸，重新缠绕印字薄膜并将其拉紧，关闭前后盖。

STEP 3 如果文稿卡纸，向上拉前盖的中间部分以打开前盖。小心地取出卡住的文稿，然后关紧前盖即可。

实训二 清洁传真机

【实训要求】

传真机比电话更加精细，所以需要经常清洁，特别是涉及印刷和复制的部件。本实训主要就是讲解清洁传真机主要部件的相关操作。

【实训思路】

本实训首先清洁传真机的送稿器/扫描器玻璃，然后清洁传真机的热敏头。本实训的思路如图5-37所示。

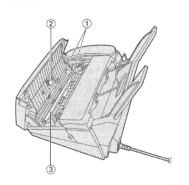 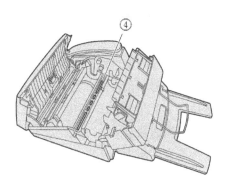

图5-37 清洁传真机的送稿器/扫描器玻璃和热敏头

【步骤提示】

STEP 1 断开电源线和电话线，打开送稿盘，向上拉前盖的中间部分以打开前盖，并关闭送稿盘。使用蘸有异丙基外用酒精的布清洁送稿器滚筒（①）和橡胶薄片（②），然后让所有部件完全干燥，用柔软的干布清洁扫描器玻璃（③）。

STEP 2 关紧前盖，轻轻地插入记录纸，连接电源线和电话线。

STEP 3 清洁热敏头时，断开电源线和电话线，打开送稿盘，向上拉前盖的中间部分以打开前盖，并关闭送稿盘。

STEP 4 打开后盖。取出印字薄膜，使用蘸有异丙基外用酒精的布清洁热敏头（④），然后让其完全干燥。

STEP 5 重新安装印字薄膜，然后关上盖，轻轻地插入记录纸，连接电源线和电话线。

常见疑难解析

问：怎样拨打无人值班总机的电话？

答：当您拨通某单位总机时，电脑话务员会说："我是某单位，请在听到第一声信号后，拨分机号码，查号拨0"。听到第一声信号后，不要挂机，直接拨您要的分机号码，稍等您可以听到接通音，表示电话已通。若听到忙音，表示分机占线。

问：拨打程控电话应注意些什么？

答：拨打程控电话主要应注意以下几点：① 必须在规定时限内拨出对方电话号码的第一位数（时限为20s），否则将听到忙音，在拨号时，拨两位数字之间的时间间隔也有限制（时限为20s），否则也将听到忙音，此时用户必须重新拨号；② 对方振铃超过一定的时间将改送忙音，程控电话持续振铃的时间规定是：本地电话和国内长途直拨电话为90s，国际直拨电话为240s；③ 错拨尚未使用的号码将听到空号音或语音提示。

拓展知识

1. 对讲机

对讲机是一种双向移动通信工具，在不需要任何网络支持的情况下，就可以通话，没有话费产生，适用于相对固定且频繁通话的场合。其使用方法也非常简单，在可通话范围内，按下按键，可以发话，松开按键，可以接话。

● 没有接到呼叫信号时，不要乱问乱叫，不能横向联系。

● 当收发信号不清晰时，持台者可变换自己所在位置，做前后左右移动，寻找最佳通信位置；行驶中的车载电台可利用放慢车辆行驶速度或停止行驶方法，增强灵敏度，提高通话效果。

● 手持电台在离大功率电台1m内，严禁使用，以防烧坏扬声器。使用手持电台时，要远离计算机，以免发生干扰。

2. 使用传真机进行复印

传真机也具有复印功能，有时为了方便，可以直接使用传真机进行复印，其方法为：把需要复印的文件有内容的一面朝下，放入传真机上方入口处，点击"复印"键，同时有对应指示灯亮，点击"开始"键，传真机会把复印的文件从上方出口先吐出来，如果这一步没有扫描成功将无法完成复印，从下方出纸口来取复印文件即可。

课后练习

（1）根据需要，为学校选购一台传真机，并说明选购原因。

（2）使用传真机传真一份个人简历。

（3）利用手机下载一个办公软件，试着在手机上编辑一份个人简历。

项目六
办公光电设备

情景导入

阿秀：小白，公司接了一个大订单，需要整理一些相关资料，我想把这个任务交给你，但不知道你会不会使用扫描仪和投影仪？

小白：我还没有接触过。

阿秀：这两个设备都是办公中常用的光电设备。扫描仪的功能就是将一些文档和图片直接扫描到计算机中，存储为计算机文件；投影仪的功能有点像幻灯机，但是比幻灯机更强大。

小白：那就麻烦你教教我啦。

阿秀：那我们就开始学习吧。

学习目标

- 认识常见的办公光电设备
- 熟悉办公光电设备的各种性能参数
- 熟悉办公光电设备的选购技巧
- 熟悉办公光电设备的常用操作

技能目标

- 掌握选购办公光电设备的方法
- 掌握使用办公光电设备的方法
- 掌握维护办公光电设备的方法

任务一 使用与维护扫描仪

扫描仪是一种捕获图像并将其转换为计算机可以显示、编辑、存储、输入的数字化输入设备。扫描仪通常用于合同、信函和数据资料等文件的扫描，扫描后的文件以图片形式存放在计算机中。下面具体介绍其使用和维护方法。

一、任务目标

本任务将认识常见的扫描仪，然后学习选购、使用、维护扫描仪的相关知识。通过本任务的学习，可以掌握扫描仪的基本操作，同时对选购和维护扫描仪有一个基本的了解，并能排除扫描仪的常见故障。

二、相关知识

（一）认识扫描仪

扫描仪是对照片、文本页面、图纸、美术图画、照相底片、菲林软片，甚至纺织品、标牌面板、印制板样品等三维对象（都可作为扫描对象），提取和将原始的线条、图形、文字、照片、平面实物转换成可以编辑及加入文件中的装置。

1. 类型

扫描仪的种类繁多，根据扫描仪扫描介质和用途的不同，主要有以下几种。

- **平板式扫描仪**：又称为平台式扫描仪，是办公用扫描仪的主流产品。
- **名片扫描仪**：是由一台高速扫描仪加上一个质量稍高一点的OCR（光学字符识别系统），再配上一个名片管理软件组成，主要用于扫描名片。
- **胶片扫描仪**：又称底片扫描仪或接触式扫描仪，其扫描效果是平板扫描仪和透扫不能比拟的，主要任务就是扫描各种透明胶片。
- **滚筒式扫描仪**：又称为馈纸式扫描仪或是小滚筒式扫描仪，是由于平板式扫描仪价格昂贵，手持式扫描仪扫描宽度小，为满足A4幅面文件扫描的需要而产生的。
- **文件扫描仪**：具有高速度、高质量、多功能等优点，可使用于各种工作站及计算机平台。但由于自动进纸器价格昂贵，所以只被许多专业用户使用。
- **手持式扫描仪**：是早期使用比较广泛的扫描仪品种，用手推动，完成扫描工作，也有个别产品采用电动方式在纸面上移动，称为自动式扫描仪。
- **笔式扫描仪**：又称为扫描笔，该扫描仪外型与一支笔相似，扫描宽度大约与四号汉字相同，使用时贴在纸上一行一行的扫描，主要用于文字识别。
- **实物扫描仪**：一般采用固定式结构，拥有支架和扫描平台，分辨率很高，除了能拍摄静态物体外，还可以作为摄像机使用。
- **3D扫描仪**：这种扫描仪扫描后生成的文件能够精确描述被扫描的物体三维结构的一系列坐标数据，当在3ds Max软件中输入后可以完整地还原出物体3D模型。

2. 主要结构

办公用的平板式扫描仪主要分为正面、背面、按钮部分，其主要结构如图6-1所示。

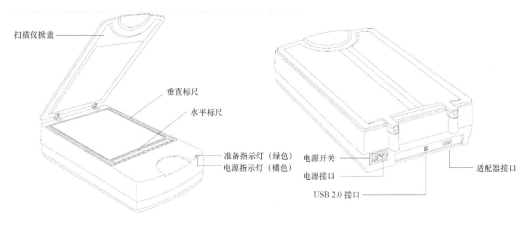

图6-1 扫描仪结构

按键的功能见表6-1。

表 6-1　主要按钮

按钮名称	主要功能
彩色（COLOR）按钮	以默认分辨率扫描 A4 或 Letter 尺寸的彩色图像
黑白（BLACK&WHITE）按钮	以默认分辨率扫描 A4 或 Letter 尺寸的黑白图像
用户定义（CUSTOM）按钮	采用用户指定的设置扫描图像
完成（FINISH）按钮	结束操作并将扫描的图像保存为 PDF 文件
照片 / 胶片（PHOTO/FILM）按钮	在捆绑的应用程序中打开扫描的图像
电子邮件（E-MAIL）按钮	将扫描的图像附加至新的电子邮件信息中

（二）扫描仪的主要性能指标

扫描仪主要的性能指标如下。

● **分辨率**：分辨率是扫描仪最主要的技术指标，它决定了扫描仪所记录图像的细致度，其单位为DPI（Dots Per Inch)。DPI数值越大，扫描的分辨率越高，扫描图像的品质越好。但分辨率的数值是有限度的，目前扫描的分辨率在300～2400DPI之间。

● **色彩深度、灰度值**：较高的色彩深度位数可保证扫描仪保存的图像色彩与实物的真实色彩尽可能一致，而且图像色彩会更加丰富。灰度值则是进行灰度扫描时对图像由纯黑到纯白整个色彩区域进行划分的级数，编辑图像时一般都使用到8bit，即256级，而主流扫描仪通常为10bit，最高可达12bit。

● **感光元件**：感光元件是扫描图像的拾取设备，相当于人的眼睛。目前扫描仪所使用的感光器件有3种，电荷耦合器（CCD）是市场上主流扫描仪主要采用的感光元件；而市场上能够见到的1000元甚至1500元以下的600×1200DPI扫描仪则采用接触式感光器件（CIS或LIDE）作为感光元件。

● **扫描仪的接口**：扫描仪的接口通常分为SCSI、EPP、USB3种。SCSI接口是传统类型，现在已经很少使用。EPP并口的优势在于安装简便、价格相对低廉，弱点就是比

SCSI接口传输速度稍慢。USB接口的优点几乎与EPP并口一样，只是速度更快，使用更方便（支持热插拔）。对于一般家庭用户，推荐选购USB接口的扫描仪。

（三）选购扫描仪

现在的扫描仪越来越便宜了，不少平板式扫描仪的价格已经跌入2000元内。下面简要介绍一下平板式扫描仪选购要点。

● 对大多数的用户来说，平板式扫描仪既能简单使用，又能顺利完成大部分任务。

● 如果经常要扫描文件，那么价格在1000元左右的手持扫描仪也很合适。

● 购买光学分辨率在1200DPI之上的扫描仪，使用这个档次的扫描仪进行扫描，再通过专业照片打印机所打印出的照片与照相店制作出的照片几乎没什么区别。

● 传送速度为USB 2.0的扫描仪已经是市场上的主流了，要想以最适宜的传送速度使用USB2.0扫描仪，必须配套一台带有USB2.0接口的计算机。

● 对企业用户及那些专业扫描用户而言，先进的功能如自动送纸器、光罩、扫描足够大的文件的扫描背（scanbed）很重要。大尺寸扫描背对于扫描大型的插图、图表、绘画、商标（如在产品包装上的）及报页来说是一个巨大的帮助。

三、任务实施

（一）使用扫描仪

使用前需要解锁和连接扫描仪，然后安装扫描的驱动程序，最后才能进行文件扫描。下面以佳能8800F扫描仪为例进行讲解。

1. 解锁扫描仪

扫描仪在运输时，为了保护光学组件，扫描仪保持在上锁状态，要使用时首先需要将其解锁，其具体操作如下。

STEP 1 撕下扫描仪上的运输胶带，打开文档盖板（扫描仪掀盖）。

STEP 2 找到锁定开关，将锁定开关向开锁标志🔓方向滑动，如图6-2所示。

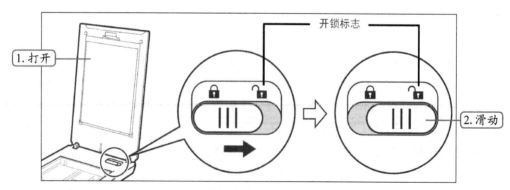

图6-2 解锁扫描仪

2. 连接扫描仪

连接扫描仪主要是将扫描仪与计算机连接起来，然后接通电源，其具体操作如下。

STEP 1 使用随附的USB电缆线将扫描仪连接至计算机，将随附的电源线连接至交流适配器，将交流适配器连接至扫描仪。

STEP 2 将电源线插入电源插座，按开关开启电源，如图6-3所示。

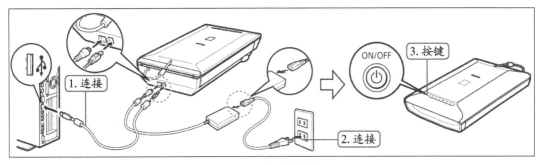

图6-3　连接扫描仪

知识补充

USB电缆线、电源线、交流适配器都是扫描仪的标准配件，除此以外还有胶片固定板，如图6-4所示。

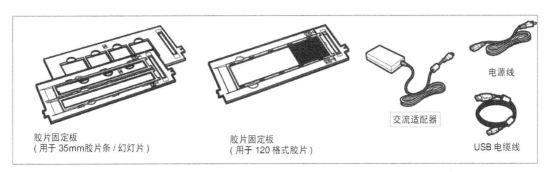

胶片固定板
（用于35mm胶片条/幻灯片）

胶片固定板
（用于120格式胶片）

交流适配器

电源线

USB电缆线

图6-4　扫描仪的标准配件

3. 扫描文件

扫描文件的具体操作如下。

STEP 1 打开扫描仪盖，将要扫描的文件放在文件台上，需要扫描的面朝下，将文件抚平，盖上扫描仪盖。

STEP 2 打开"我的电脑"窗口，在"扫描仪和照相机"栏显示了当前连接到计算机的扫描仪图标，双击该图标打开与扫描仪型号对应的对话框，在列表框中选择"Microsoft扫描仪和照相机向导从照相机或扫描仪下载照片"选项，单击 确定 按钮，如图6-5所示。

STEP 3 打开"扫描仪和照相机向导"对话框，单击 下一步(N) > 按钮，进入"选择扫描首选项"对话框，在"图片类型"栏单击选中"彩色照片"单选项，单击 预览(P) 按钮，预览区将显示扫描对象的预览状态，单击 下一步(N) > 按钮，如图6-6所示。

STEP 4 打开"照片名和目标"对话框，设置文件名称、格式和保存路径，单击 下一步(N) > 按钮，打开"正在扫描照片"对话框，如图6-7所示。

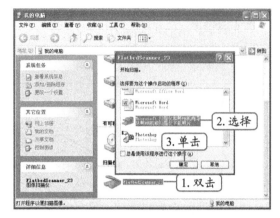

图6-5　选择扫描仪启动选项

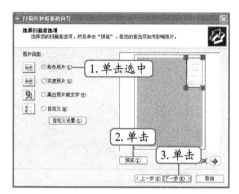

图6-6　设置打印类型并预览效果

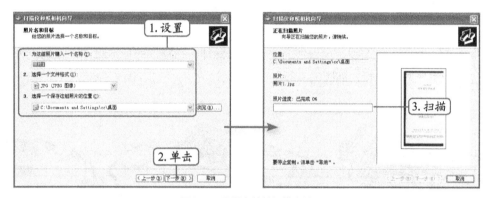

图6-7　设置参数并扫描文件

操作提示　　在"选择扫描首选项"步骤中，预览区的默认模式为原始大小模式，在预览区下方单击"全屏"按钮 ，可使当前扫描的文件全屏显示。

STEP 5　扫描完成后自动打开"其他选项"对话框，单击选中"什么都不做。我已处理完这些照片"单选项，单击 下一步(N) 按钮，在打开的对话框中单击 完成 按钮即可完成扫描，如图6-8所示。

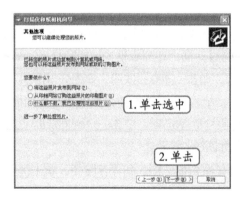

图6-8　完成扫描

（二）扫描仪的日常维护与保养

扫描仪的日常维护与保养应注意下列几点。

● **不要经常插拔电源线与扫描仪的接头**：经常插拔电源线与扫描仪的接头，会造成连接处的接触不良，导致电路不通。

● **不要中途切断电源**：当扫描一幅图像后，扫描仪的扫描部件需要一部分时间从底部归位，所以最好等到扫描部件完全归位后，再切断电源，否则容易损坏部件。

● **放置物品时要一次定位准确**：放置物品时要一次定位准确，不要随便移动以免刮伤玻璃，更不要在扫描的过程之中移动物品。

● **不要在扫描仪上面放置物品**：有些用户常将一些物品放在扫描仪上面，时间长了，扫描仪的塑料遮板因中空受压将会导致变形，影响使用。

● **长久不用时请切断电源**：当长久不用时，扫描仪的灯管依然是亮着的，由于扫描仪灯管也是消耗品，所以建议用户在长久不用时切断电源。

● **机械部分的保养**：扫描仪长久使用后，要拆开盖子，用浸有缝纫机油的棉布擦拭镜组两条轨道上的油垢，擦净后，再将适量的缝纫机油滴在传动齿轮组及皮带两端的轴承上面，这样可以减少扫描仪的噪声。

（三）排除扫描仪常见故障

扫描仪使用一段时间后可能会发生各种扫描故障，其现象和解决办法见表6-2。

表6-2　排除扫描仪常见故障

故障现象	故障原因	故障排除
荧光灯不亮	扫描仪连接不正确	确保扫描仪的电源线连接好
	正常省电功能	正常现象，进行扫描时荧光灯就会打开
扫描仪不扫描	扫描仪未准备好	等待荧光灯点亮
	不只一个 USB 集线器正在使用	将扫描仪直接连接到计算机的 USB 接口
文件边缘扫描不到	文件尺寸超过可扫描的区域	使扫描区域距离文件台侧边 3mm 以上
图像变形或模糊	文件放置不当	确保文件平放在文件台上，并不发生移动
图像全黑	屏幕没有校准	进行屏幕校准

任务二　使用与维护投影仪

办公中投影仪最常用于企业会议中播放PPT演示文稿、影片等，可以配合多种信号输入、输出的接口，如计算机、DVD、VCD、影碟机、录像机、展示台视频信号等，并将接收到的信号转换为高分辨率的图形，投影到大屏幕中。下面具体介绍其使用和维护方法。

一、任务目标

本任务将认识常见的投影仪，然后学习选购、使用、维护投影仪的相关知识。通过本任务的学习，可以掌握投影仪的基本操作，同时对选购和维护投影仪有一个基本的了解，并能排除投影仪的常见故障。

二、相关知识

（一）认识投影仪

投影仪是用于放大显示图像的投影装置，它采用先进的数码图像处理技术，配合多种信号输入输出接口，无论是计算机的RGB信号，还是DVD、VCD、影碟机、录像机和展示台的视频信号，都能转换成高分辨率的图像投在大屏幕上，并具有高分辨率、高清晰度和高亮度等特点。随着数码技术的迅猛发展，投影仪作为一种高端的光学仪器，已被广泛应用于教学、移动办公、讲座演示和商务活动中。

1. 主要类型

投影仪通常按照应用环境进行分类，主要有以下几种类型。

● **家庭影院型**：其特点是亮度都在2000流明左右，投影的画面宽高比多为16:9，各种视频端口齐全，适合播放电影和高清晰电视，适于家庭用户使用。

● **便携商务型投影仪**：一般把质量低于2kg的投影仪定义为商务便携型投影仪，优点有体积小、质量轻、移动性强，经常用于移动商业演示时的首选搭配。

● **教育会议型投影仪**：一般定位于学校和企业应用，采用主流的分辨率，亮度在2000～3000流明，质量适中，散热和防尘做得比较好，适合安装和短距离移动，功能接口比较丰富，容易维护，性能价格比也相对较高，适合大批量采购普及使用。

● **主流工程型投影仪**：相比主流的普通投影仪来讲，工程投影仪的投影面积更大、距离更远、光亮度很高，而且一般还支持多灯泡模式，能更好地应付大型多变的安装环境，对于教育、媒体、政府等领域都很适用。

2. 主要结构

投影仪的结构主要分为外观和外部控制面板两个部分，下面以明基MP625P投影仪为例进行讲解。

● **外观**：图6-9所示为传真机的外部结构，对应名称见表6-3。

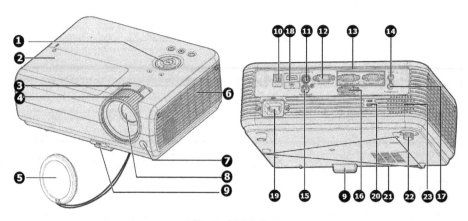

图6-9 投影仪外观

表6-3　投影仪外观

号码	名称	号码	名称	号码	名称	号码	名称
1	外部控制面板	7	前部红外线遥控传感器	13	RGB（PC）/分量视频（YPbPr/YCbCr）信号输入插口）	19	AC 电源线插口
2	灯罩	8	投影镜头	14	音频输入插孔	20	Kensington 防盗锁插槽
3	缩放圈	9	快速装拆按钮	15	视频输入插口	21	吊顶安装孔
4	调焦圈	10	USB 输入插口	16	RS-232 控制端口	22	后调节支脚
5	镜头盖	11	S- 视频输入插口	17	音频输出插孔	23	扬声器
6	通风口	12	RGB 信号输出插口	18	HDMI 输入插口		

● **外部控制面板：**图6-10所示为投影仪的外部控制面板，对应名称见表6-4。

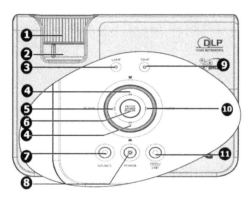

图6-10　投影仪的外部控制面板

表6-4　投影仪控制面板

号码	名称	功能
1	调焦圈	调节投影图像的焦距
2	缩放圈	调节投影图像的焦距
3	灯泡指示灯	显示灯泡的状态。当指示灯亮起或闪烁时，表示灯泡出了问题
4	梯形失真校正 / 箭头键	手动校正因投影角度而产生的扭曲图像
5	左 /BLANK	用于隐藏屏幕图像
6	Mode/Enter	选择可用图像设置模式
7	SOURCE	显示信号源选择条
8	Power/POWER（电源指示灯）	可让投影机在待机和工作模式间切换
9	TEMP（温度指示灯）	如果投影机温度太高，则指示灯会亮起红色
10	右 /AUTO	当显示屏显菜单时，用作方向箭头，可选择所需的菜单项和进行调整
11	Menu/Exit	打开屏显菜单。返回到之前的屏显菜单，退出并保存菜单设置

（二）投影仪的主要性能指标

投影仪的技术指标中，下面几项最能体现其性能。

● **亮度**：亮度越高，图像看起来越清晰。现在投影仪亮度的单位为"流明"，常见投影机一般在2000流明以上。

● **分辨率**：投影机分辨率是指一幅图像所含的像素数目，像素数目越多，分辨率越高，显示的图形细节更丰富，使画面更完美。以下是几种分辨率表示：VGA=640×480；SVGA=800×600；XGA=1024×768；SXGA=1280×1024。

● **对比度**：对比度是通过测量黑色和白色之间的对比获得的。对比度越高，图像越清晰。一般投影仪的对比度范围可达300:1~400:1（全黑/全白）。

● **带宽**：带宽是指信号通过投影机时不至于明显衰减的频率范围，带宽越大，画面细节越好。

● **投影距离**：投影距离是由厂商推荐的在此距离范围内保证图像显示的质量和清晰度。考虑这一指标时，应结合投影机应用环境来考虑。

● **灯泡寿命**：灯泡是投影仪的耗材，延长灯泡寿命，就等于降低了用户的总购买成本。一般灯泡寿命为2000h。

（三）选购投影仪

选购投影仪首先应该注意其主要的性能指标，然后需要注意以下几个方面。

1. 了解安装方式

用户在选择购买投影仪之前，要熟悉投影仪的安装方式，根据使用环境，确定机器的购买类型，是采购的第一步。主要有以下几种。

● **桌上正投**：选择此位置时，投影机位于屏幕的正前方。这是放置投影机的最常用方式，安装快速并具移动性，如图6-11所示。

● **吊装正投**：投影仪倒挂于屏幕正前方的天花板上，如图6-12所示。

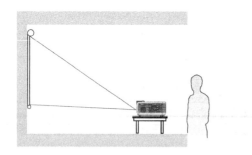

图6-11　桌上正投

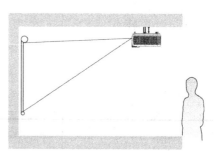

图6-12　吊装正投

● **桌上背投**：投影仪位于屏幕的正后方，如图6-13所示，此安装位置需要一个专用的投影屏幕。

● **吊装背投**：投影仪倒挂于屏幕正后方的天花板，如图6-14所示，此安装位置需要一个专用的投影屏幕和投影仪天花板悬挂安装套件。

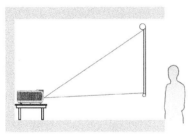

图6-13　桌上背投

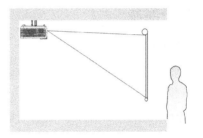

图6-14　吊装背投

2. 了解投影距离

对于家庭和办公用户来说，投影仪的使用面积有限，而安装的投影仪到屏幕之间的距离并不太大，投射距离成为选购投影仪的重要条件之一，用户应比较不同的投影机在相同的投射对角尺寸下的投射距离，如图6-15所示。

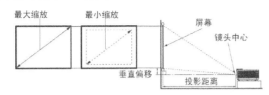

屏幕尺寸				到屏幕的距离（毫米）			垂直偏移（毫米）
对角线		W（毫米）	H（毫米）	最小长度（最大缩放）	平均值	最大长度（最小缩放）	
英寸	毫米						
30	762	610	457	1200	1260	1320	69
40	1016	813	610	1600	1680	1760	91
50	1270	1016	762	2000	2100	2200	114
60	1524	1219	914	2400	2520	2640	137
80	2032	1626	1219	3200	3360	3520	183
100	2540	2032	1524	4000	4200	4400	229
120	3048	2438	1829	4800	5040	5280	274
150	3810	3048	2286	6000	6300	6600	343
200	5080	4064	3048	8000	8400	8800	457
220	5588	4470	3353	8800	9240	9680	503
250	6350	5080	3810	10000	10500	11000	572
300	7620	6096	4572	12000	12600	13200	686

图6-15　投影仪的投影距离

3. 现场选购技巧

选购投影仪最好到现场进行试用，主要注意以下问题。

● **检查水平扫描跟踪频率范围**：根据技术指标上给出的水平扫描频率范围，从中选高、中、低3个频率，检查投影仪在这3个分辨率下是否能正常显示。如出现行不同步现象，即画面扭动或抖动等，说明水平扫描跟踪不良。

● **检查聚焦性能**：用投影仪内部产生的测试方格，或计算机产生的测试方格，将聚焦调至最佳位置，将图像对比度由低向高变化，观察方格的水平和垂直线条是否有散焦现象。如有，则说明聚焦性能不良。

● **检查视频带宽**：视频带宽直接影响视频的细节部分。用计算机或信号发生器产生一个投影仪所能达到的最高分辨率的白底图形信号，观察屏幕上的最小字符图形是否清晰。如投影仪的视频带宽不足时，屏幕上所显横线条较实，而竖线条发虚，图像细节模糊不清。

三、任务实施

（一）使用投影仪

使用投影仪需要先连接投影仪，然后进行各种操作，下面以明基MP625P投影仪为例。

1. 连接投影仪

连接投影仪是最基础的操作，当连接信号源至投影仪时，需确认以下3点。

● 进行任何连接前关闭所有设备。

● 为每个信号来源使用正确的信号线缆。

● 确保电缆牢固插入。

在如图6-16所示的连接中，部分电缆可能不包括在此投影仪的包装内，用户可以在电器商店购得所需要的电缆，表6-5为对应各电缆的名称。

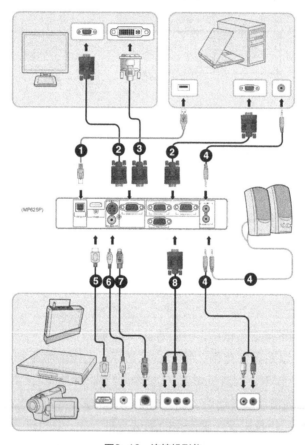

图6-16　连接投影仪

表6-5　投影仪连接线缆

号码	名称	号码	名称	号码	名称	号码	名称
1	USB 线	3	VGA-DVI-A 线缆	5	HDMI 线	7	S- 视频线
2	VGA 线缆	4	音频线	6	视频电缆	8	分量视频 -VGA (DSub) 适配器线缆

2. 启动投影仪

连接好设备后，就可以启动投影仪了，其具体操作如下。

STEP 1 将电源线插入投影仪和电源插座，打开电源插座开关，接通电源后，检查投影仪上的电源指示灯是否亮橙色，如图6-17所示。

STEP 2 取下镜头盖，如图6-18所示，如果镜头盖保持关闭，它可能会因为投影灯泡产生的热量而导致变形。

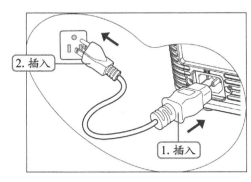

图6-17 接通电源

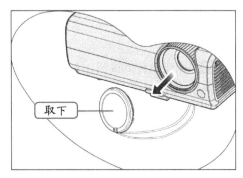

图6-18 打开镜头盖

STEP 3 按投影仪或遥控器上的POWER键启动投影仪。当投影仪电源打开时，电源指示灯会先闪烁，然后常亮绿灯，如图6-19所示。启动程序约需30s。在启动的后面阶段，将显示启动标志。

STEP 4 如果是初次使用投影仪，请按照屏幕上的说明选择OSD语言，如图6-20所示。

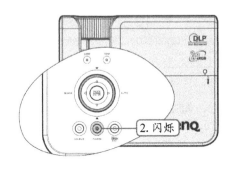

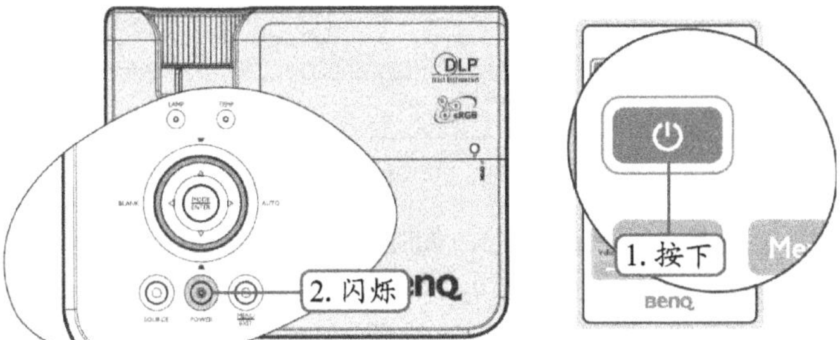

图6-19 启动投影仪

图6-20 选择语言

STEP 5 接通所有连接的设备，然后投影仪开始搜索输入信号。屏幕左上角显示当前扫描的输入信号。如果投影仪未检测到有效信号，屏幕上将一直显示"无信号"信息，直至检测到输入信号。

STEP 6 也可手动浏览选择可用的输入信号，按投影机或遥控器上的SOURCE键，显示信号源选择栏，重复按，直到选中所需信号，然后按Mode/Enter键，如图6-21所示。

操作提示 如果输入信号的频率/分辨率超出投影仪的工作范围，将在空白屏幕上看到"超出范围"的信息，需要将输入信号改为较低的设置。

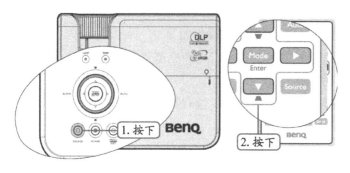
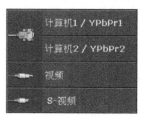

图6-21　设置输入信号

STEP 7　按快速装拆按钮，并将投影仪的前部抬高，一旦图像调整好之后，释放快速装拆按钮以将支脚锁定到位。

STEP 8　旋转后调节支脚，对水平角度进行微调，如图6-22所示。要收回支脚，抬起投影仪并按下快速装拆按钮，然后慢慢向下压投影仪，接着按反方向旋转后调节支脚。

STEP 9　按投影机或遥控器上的AUTO键，在3s内，内置的智能自动调整功能将重新调整频率和脉冲的值以提供最佳图像质量，如图6-23所示。

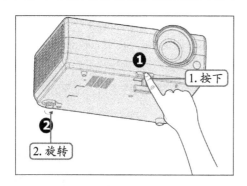

图6-22　调节图像高度和投影角度

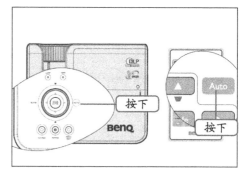

图6-23　自动调整图像

STEP 10　使用变焦环将投影图像调整至所需的尺寸，如图6-24所示。

STEP 11　旋动调焦圈以使图像聚焦，如图6-25所示，然后完成启动操作，可以使用投影仪播放视频和图像。

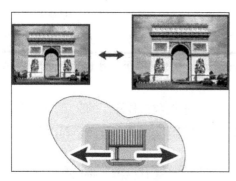

图6-24　微调图像大小

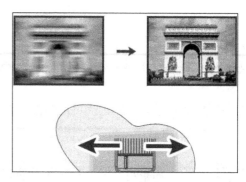

图6-25　微调清晰度

（二）投影仪的日常维护与保养

投影仪的日常维护与保养主要是在操作时注意以下一些问题。

● 对未使用的投影仪，应将其反射镜盖上，遮住放映镜头；短期不使用的投影仪还应加盖防尘罩；长期不使用的投影仪应放入专用箱内，以尽量减少灰尘。

● 切勿用手触摸放映镜和正面反射镜。若光学元件有污秽和尘埃，可用橡皮球吹风除尘，或用镜头纸和脱脂棉擦拭。螺纹透镜集垢较多时，只能拆下用清水冲洗，不得使用酒精等有机溶剂。

● 投影仪工作时，要保证散热窗口通风流畅，散热风扇不转时投影仪绝对不能使用。连续放映时间不宜过长（应不超过1h），否则箱体内的温度过高会烤裂新月镜和螺纹透镜。另外，不可长时间待机，投影仪不用时应及时关闭电源。

● 溴钨灯的投影仪灯丝受热后若受到震动容易损毁，当投影仪开始工作时，应尽可能减少搬运，勿剧烈震动。若要搬动则应先关机，待灯丝冷却后再搬运。

（三）排除投影仪常见故障

投影仪的故障最好由专业维修人员进行排除，一些常见的小故障则可以由使用人员自己排除。表6-6为投影仪常见故障的排除方法。

表6-6　排除投影仪常见故障

故障现象	故障原因	故障排除
投影仪打不开	电源线未通电	正确连接电源线。确保电源开关已开启
	试图在冷却过程中再次打开投影仪	请等待，直至冷却过程结束
无图像	视频信号源未打开或连接错误	打开视频信号源并检查信号电缆是否连接正确
	投影仪未与输入信号设备正确连接	检查连接
	未正确选择输入信号	通过 SOURCE 键选择正确的输入信号源
	镜头盖仍关闭	打开镜盖
图像模糊	投影镜头未准确聚焦	使用调焦圈调节镜头的焦距
	投影机未准确对准屏幕	调节投影角度和方向，必要时调节投影机高度
	镜头盖仍关闭	打开镜盖

任务三　使用与维护视频展示台

视频展示台（Visual Presenter）是国内、外通行的一个正式名称，在中国市场，有时也被叫做实物展示台、实物演示仪、实物投影机、实物投影仪等，主要用于展示实物。下面具体介绍其使用和维护方法。

一、任务目标

本任务将认识视频展示台，然后学习选购、使用、维护视频展示台的相关知识。通过本任务的学习，可以掌握视频展示台的基本操作，同时对选购和维护视频展示台有一个基本的了解，并能排除视频展示台的常见故障。

二、相关知识

（一）认识视频展示台

视频展示台是通过CCD摄像机以光电转换技术为基础，将实物、文稿、图片、过程等信息转换为图像信号输出在投影机、监视器等显示设备上展示出来的一种演示设备。

1. 主要用途

视频展示台常用于教育教学培训、电视会议、讨论会等各种商务或办公场合，可演示文件、幻灯片、演示课本、笔记、透明普通胶片、商品实物、零部件、三维物体、实验动作等，还可进行远距离摄像、现场书写等高级功能。

2. 常用连接设备

视频展示台一般与多媒体投影机、大屏幕背投电视、普通电视机、液晶监视器、录像机、VCD、DVD、话筒等输出、输入设备配套使用。

3. 主要结构

视频展示台主要结构分为主机、后端口、侧端口3个部分。下面以时信达SXD-S3000视频展示台为例进行讲解。

● **主机**：视频展示台的主机如图6-26所示，主要由10个部分组成。

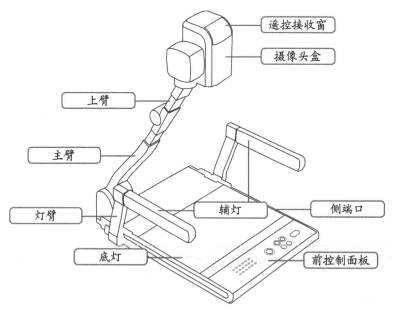

图6-26 视频展示台主机

● **后端口**：视频展示台的后端口如图6-27所示。

● **侧端口**：视频展示台的侧端口如图6-28所示。

后端口和侧端口的各部分的名称和功能见表6-7。

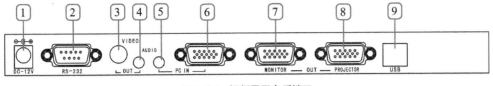

图6-27　视频展示台后端口

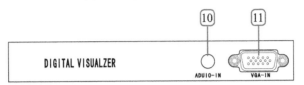

图6-28　视频展示台侧端口

表6-7　视频展示台的后端口和侧端口

号码	名称	功能
1	DC-12V	电源输入端口
2	RS-232	串行控制端口，连接 PC 的 RS-232 接口
3	VIDEO OUT 视频信号输出	连接电视机及其他显示设备以显示图像
4	AUDIO OUT 音频信号输出	连接音频功放或有源音箱
5	PC AUDIO IN 台式机音频输入	连接 PC 音频输出
6	PC VGA IN 台式机 VGA 信号输入	连接 PC 的 VGA 信号输出
7	MONITOR VGA OUT 显示器 VGA 信号输出	连接电脑显示器
8	PROJECTOR VGA OUT 投影机 VGA 信号输出	连接投影机
9	USB	连接 PC 的 USB 接口
10	LAPTOP VGA IN 笔记本电脑 VGA 输入	连接笔记本电脑的 VGA 信号输出
11	LAPTOP AUDIO IN 笔记本电脑音频输入	连接笔记本电脑音频输出

（二）视频展示台的主要性能指标

CCD（电荷耦合设备）摄像头是视频展示台的核心元器件，决定着成像质量的优劣。衡量CCD摄像头的性能指标主要有清晰度、灵敏度（也称最低照度）、信噪比。

● **清晰度**：清晰度是衡量摄像头优劣的一个重要参数，由摄像头的像素多少决定，像素越多，得到的图像越清晰。清晰度越高，说明摄像头档次越高。

● **灵敏度**：也叫最低照度，是当被摄景物的光亮度低到一定程度，而使摄像头输出的视频信号电平低到某一规定值时的景物光亮度值。最低照度越小，摄像头档次越高。

● **信噪比**：是信号电压对于噪声电压的比值，通常用符号 S/N 来表示。干扰噪点的强弱（也即干扰噪点对画面的影响程度）与摄像头信噪比指标的好坏有直接关系，即摄像头的信噪比越高，干扰噪点对画面的影响就越小。

（三）选购视频展示台

选购视频展示台可以按照以下步骤进行。

● **明确需求**：根据用户自身的使用环境及采购预算确定产品性能要求，如追求高质量的投影演示效果，则选择双侧灯台式视频展示台；要是想让视频展台工作位置不固定的话，可以选择底板分离式视频展台；想出差使用，就选择便携式产品。

● **确定技术指标**：选购视频展示台，除CCD（电荷耦合设备）摄像头以外，还应参考一些其他技术指标，如正负片反转、黑白彩色反转、辅助灯源的数量和质量、输入输出口的多少、是否具有RS-232C串口、是否具有红外线遥控功能等。

● **综合比较**：可以对产品的实际性能进行有效对比，从而决定最终的产品选型，应尽量多参考其他用户的意见和有经验的工程技术人员的意见。

三、任务实施

（一）使用视频展示台

使用视频展示台时，需要先连接设备，然后展开设备，最后进行物品展示。

1. 连接设备

假设目前有计算机到投影机和显示器显示图像，声音经功放放大后由音箱播放，则接线的具体操作如下（以时信达SXD-S3000视频展示台为例）。

STEP 1 把展示台附带的12V DC适配器的DC接头接展示台的电源插座，三端电源头接市电的220V/50Hz的电源插座，其他设备根据产品说明书正确连接电源。

STEP 2 把功放的视频和音频输出分别接到展示台视频输出和音频输出端口。

STEP 3 把功放的左右声道输出端分别接到左右音箱。

STEP 4 把计算机的VGA输出接到展示台的RS-232。

STEP 5 把展示台的MONITOR OUT接到显示器的VGA输入。

STEP 6 把展示台的PROJECTOR OUT接到投影仪的视频输入。

STEP 7 把接线检查一遍，如无误，可接通各设备的电源。

2. 展开设备

展开设备主要是展开视频展示台，其具体操作如下。

STEP 1 抬起主臂到终点位置，打开两侧灯臂到合适位置，如图6-29所示。

STEP 2 调整摄像头和辅光灯的位置，取下镜头盖，如图6-30所示。

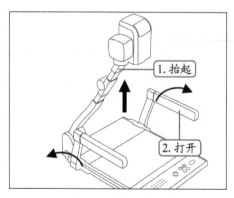

图6-29　调整主臂和侧臂

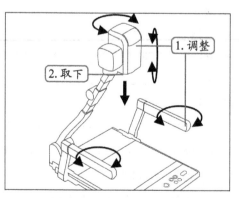

图6-30　调整灯光并打开镜头盖

3. 开机

开机，按一下自动聚焦键转到自动聚焦模式，再用放大、缩小键调节图像的大小，转动镜头或移动物体，得到最佳的图像效果。在整个展示过程中，若需插播DVD、录像、计算机课件等内容，可以随时按相应的切换钮。

（二）视频展示台的日常维护与保养

视频展示台的维护与保养主要包括以下几个方面。

● 不能频繁开关电源，避免缩短摄像头的使用寿命。
● 不能随意频繁通断上下辅助光源，以免影响灯的使用寿命。
● 不能将摄像头对准强光源，如日光或太阳。
● 移动视频展示台时，请先关闭电源，拔掉电源线，放下主臂后再移动。不能手提主臂或辅光灯臂移动本设备；
● 不能水平旋转辅光灯。
● 收拢左右辅光灯臂时，不能用力过大。
● 注意防潮。若发现镜头聚焦不清，切忌用手摸擦镜头。请用镜头纸将其擦拭干净。如有必要，可将近摄镜旋下单独清洁。
● 长期不使用时，请拔下电源插头并用布或塑料袋盖好。

（三）排除视频展示台常见故障

一旦视频展示台出现故障时，可以按照表6-8所示的方法进行解决，如果无法排除故障，再联系厂商售后服务。

表6-8　排除视频展示台常见故障

故障现象	故障分析与排除
图像模糊	请调整被摄物体与镜头的距离大于330mm
	物体太亮或带有强反射光的表面，调整外界光线
	镜头是否太脏？请清洁镜头或位于镜头下的近摄镜
无图像，无声音	请检查电源线是否正确连接
	请确认电源开关已开启
	请确认音视频线或RGB线连接是否正确
	检查输入、输出选择是否正确
	按遥控器上的"信号"按键切换到VGA状态
	镜头盖未取下
图像太暗	照明不够，打开辅光灯
	亮度设置过小，重调亮度设置
出现噪波	使用环境太暗时，放大图像信号时，图像上出现噪波，此时请打开辅光灯
控制面板按键无效	同时按两个按键或按压动作太快时，本设备可能无反应

实训一　更换和清洁投影仪组件

【实训要求】

投影仪需要定期清洁，组件损坏时需要及时更换，下面就更换投影仪的投影灯，并清洁投影仪中的灰尘。

【实训思路】

本实训首先打开投影仪的底盖，更换投影灯，然后使用吸尘器清除投影仪中的灰尘，并拆卸和清洁空气滤网。本实训的思路如图6-31所示。

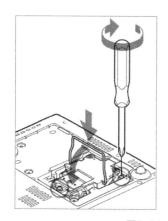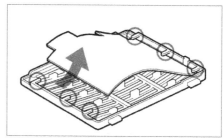

图6-31　更换和清洁投影仪组件

【步骤提示】

STEP 1 关闭投影仪电源并拔出电源线，投影仪底面朝上，用螺丝刀拧开底盖。

STEP 2 用螺丝刀拧松投影灯上的螺丝，扳开把手，然后握住把手将投影灯拉出。

STEP 3 放入新的投影灯，拧紧螺丝，然后折下把手，接着盖上底盖并拧上螺丝。

STEP 4 从底部拆下空气滤网盖，然后取出空气滤网，使用真空吸尘器从通风口外清除投影机内部的灰尘。

STEP 5 用清水清洗滤网，然后将其放在阴暗处晾干，最后重新装回设备中。

实训二　使用投影仪演示新品推广

【实训要求】

技术部开发了新产品，且产品即将面市，公司企划部针对产品的特点和市场需求制作了"新品推广"演示文稿，准备在新品推广会议中向公司相关人员做介绍陈述。本次会议参加的人较多，为达到更好的演示效果，在会议开始前，需调试投影仪设备。

【实训思路】

本实训应先将演示计算机与投影仪设备连接起来。启动投影仪和计算机后，调试投影效果，达到标准后即可召开会议，并播放"新品推广"演示文稿。会议结束后，再依次关闭计算机和投影仪，并切断电源即可。

【步骤提示】

STEP 1 利用遥控器打开投影仪电源，将投影仪的连接外挂USB设备接口的连线插入笔记本电脑的USB接口上，如图6-32所示。

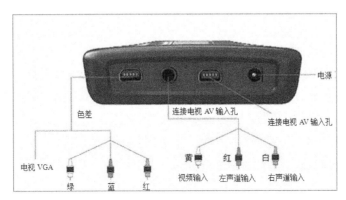

图6-32 投影仪连线

STEP 2 启动笔记本电脑，投影屏幕上将同步显示笔记本电脑中的画面，利用投影仪遥控器调试投影效果。

STEP 3 打开"新品推广"演示文稿，选择【幻灯片放映】/【观看放映】菜单命令，观看"新品推广"演示文稿，放映完成后，按【Esc】键退出放映。

STEP 4 演示完成后，关闭计算机，按下投影仪的【Power】按键，在投影屏幕上打开一个提示窗口，提示是否关闭电源。

STEP 5 再次按【Power】按键，"Power"指示灯开始闪烁，稍后变为橙色，投影仪发出两次"嘟"声，投影仪开始冷却，20s后，从插座上拔掉投影仪的电源线，然后装上镜头盖即可。

常见疑难解析

问：为什么扫描仪正常连接后无法启动？

答：首先需要确认扫描仪的电源开关是否正确打开；然后检查电源适配器和电源插头的连接是否正常；最后一点如果电源开关位于"AUTO"位置，则扫描仪需要启动计算机后才能正常工作。如果以上3点都无法启动，建议拨打该产品售后服务电话。

问：购买投影仪时，如何计算灯泡的使用时间？

答：当投影仪在工作时，将由内置的计时器自动计算灯泡使用的持续时间（以小时为单位）。 等效灯泡使用时间的计算方法如为总（等效）灯泡使用时间=1（在省电模式下使用的小时数）+4/3（在正常模式下使用的小时数）。在省电模式下的灯泡使用时间按正常模式下的3/4计算。 也就是说，在省电模式下使用投影机能将灯泡寿命延长1/3。

问：计算机连接视频展示台后无法使用，计算机怎样才能与视频展示台配合使用？

答：最新的视频展示台已经具备支持与计算机连接使用的功能。如果无法连接使用，计算机需要安装视频捕捉卡才能连接展台，并通过相关程序软件，可将视频展示台输出的视频信号输入计算机进行各种处理。

拓展知识

1. 使用扫描仪的注意事项

正确使用扫描仪扫描的方法为：打开扫描仪，将要扫描的资料平整放入到扫描仪中，然后启动扫描工具，先进行预扫描，预扫之后用选择框选择需要扫描的区域，然后进行扫描，扫描完毕后，保存为文件，或通过图像处理软件进行处理。

在进行扫描操作时，需要注意以下几个方面的操作和扫描设置。

- **扫描方式**：使用自动方式进行扫描时，扫描仪将对图像进行初次扫描，对像素分布和最高密度、最低密度进行识别；手动方式扫描则可以有效地调整原稿的偏色、反差和曲线状态，使之更好地表现原稿某一部分的层次。

- **扫描分辨率**：在进行扫描时，需要根据扫描材料的类型来设置不同的扫描分辨率，分辨率设定越高，扫描质量越好，但文件量也随之增大。

- **处理图像**：在处理图像时，每进行一次非垂直的旋转都会使图像的精度损失一次，因此需在旋转时一次到位，但垂直旋转或镜像翻转图像均不影响图像的精度。

2. 视频展示台的分类

从结构上可以分为单灯照明视频展示台、双侧灯式视频展示台、底板分离式视频展示台、便携式视频展示台等。

- **单灯照明视频展示台**：单灯照明不存在双灯照明的光干涉现象，光线均匀，便于被演示物体的最佳演示，不同展台单灯的位置不同，但不影响效果。

- **双侧灯式视频展示台**：是最为常见的照明方式，设计良好的双侧灯可以灵活转动，覆盖展台上的全部位置，并实现对微小物体的充分照明。

- **底板分离式视频展示台**：这种型号的产品由于底板分离，可以使视频展示台的便携性增强，它十分适合小范围内的移动。

- **便携式视频展示台**：设计紧凑，体积小巧，携带方便，适合移动商务演示。

课后练习

（1）根据需要，为学校分别选购扫描仪、投影仪和视频展示台，并说明选购原因。

（2）使用扫描仪扫描自己的身份证。

（3）使用投影仪播放一部电影。

（4）使用视频展示台讲解打印机的墨盒。

项目七
办公影像设备

情景导入

小白：秀姐，这台摄像机是你的吗？

阿秀：我抽屉里的那台吗？不是，是公司的。

小白：公司的？公司拿摄像机来干嘛？

阿秀：这你就不知道了，摄像机在办公中的用处大着呢，如摄录公司
　　　大型活动或者重要会议的过程作为影像资料进行保存。另外，
　　　公司除了摄像机，还有照相机和影碟机，这些作为影像设备在
　　　公司的办公中都起到了很大的作用。

小白：太好了，我最喜欢摄影了。影像设备对公司办公又有很大的作
　　　用，秀姐，你就教教我这些设备的使用方法吧。

阿秀：行啊，那我们就开始学习吧。

学习目标

- 认识常见的办公影像设备
- 熟悉办公影像设备的各种性能参数
- 熟悉办公影像设备的选购技巧
- 熟悉办公影像设备的常用操作

技能目标

- 掌握选购办公影像设备的方法
- 掌握使用办公影像设备的方法
- 掌握维护办公影像设备的方法

任务一 使用与维护数码摄像机

数码摄像机（Digital Video，简称DV）是摄像机的一种类型，也是现在使用最多的摄像机类型。它的感光元件能把光线转变成电荷，通过模数转换器芯片转换成数字信号，由专门的芯片进行处理和过滤后得到的信息还原出动态画面。下面具体介绍其使用和维护方法。

一、任务目标

本任务将认识常见的数码摄像机，然后学习选购、使用、维护数码摄像机的相关知识。通过本任务的学习，可以掌握数码摄像机的基本操作，同时对选购和维护数码摄像机有一个基本的了解，并能排除数码摄像机的常见故障。

二、相关知识

（一）认识数码摄像机

下面从类型和结构两个方面来认识数码摄像机。

1. 类型

数码摄像机的类型很多，通常按照存储介质的不同和图像传感器的不同进行分类。按存储介质不同，主要有以下几种类型。

- **磁带式**：以Mini DV为记录介质的数码摄像机类型，它最早在1994年由10多个厂家联合开发而成。通过1/4英寸的金属蒸镀带来记录高质量的数字视频信号。
- **光盘式**：也就是DVD数码摄像机，存储介质是采用DVD-R，DVR+R，或DVD-RW，DVD+RW光盘来存储动态视频图像。
- **硬盘式**：指的是采用硬盘作为存储介质的数码摄像机。2005年由JVC率先推出的，用微硬盘作为存储介质。
- **存储卡式**：指的是采用存储卡作为存储介质的数码摄像机，如风靡一时的"X易拍"产品，作为过渡性简易产品，如今市场上已不多见。

传感器就是将光线转换为数字信号的设备，按照传感器的不同，数码摄像机主要有以下两种类型。

- **CCD**：电荷耦合器件图像传感器（Charge Coupled Device），使用一种高感光度的半导体材料制成，能把光线转变成电荷，通过模数转换器芯片转换成数字信号。
- **CMOS**：互补性氧化金属半导体（Complementary Metal- Oxide Semiconductor）和CCD一样同为在数码摄像机中可记录光线变化的半导体。

知识补充　　在相同分辨率下，CMOS产生的图像质量相比CCD来说要低一些，所以CMOS数码摄像机的价格比CCD的便宜。市面上主流的数码摄像机都使用CCD作为传感器。CMOS传感器则作为低端产品应用于一些摄像头上。

2. 主要结构

数码摄像机比较复杂，下面以松下HDC-HS60数码摄像机为例，其主要结构如图7-1所示，各按键的功能见表7-1。

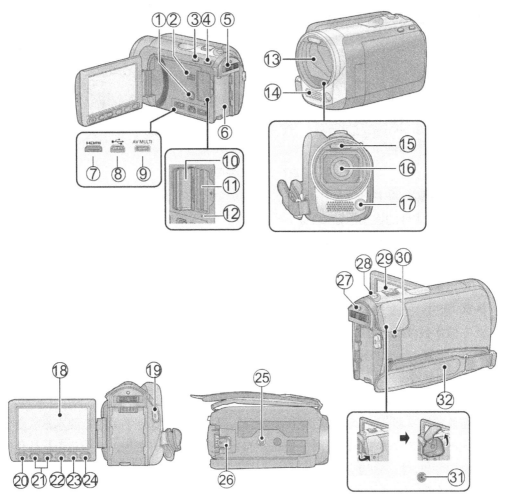

图7-1 数码摄像机结构

表 7-1 数码摄像机各部件名称

号码	名称	号码	名称	号码	名称	号码	名称
①	电源按钮	⑨	AV 多用连接器	⑰	摄像灯	㉕	三脚架插座
②	扬声器	⑩	SD 卡盖	⑱	LCD 监视器（触摸屏）	㉖	电池释放手柄
③	自动／手动按钮	⑪	记忆卡插槽	⑲	录制开始／停止按钮	㉗	状态指示灯
④	横向导板	⑫	存取指示灯	⑳	次录制开始／停止按钮	㉘	拍照按钮
⑤	光学防抖功能按钮	⑬	镜头盖	㉑	调整变焦按钮	㉙	变焦杆
⑥	模式开关	⑭	内置立体声麦克风	㉒	菜单按钮	㉚	HDD 存取指示灯
⑦	电池座	⑮	内置闪光灯	㉓	摄像灯按钮	㉛	DC 输入端口
⑧	USB 端口	⑯	镜头	㉔	删除按钮	㉜	手持带

操作提示 LCD监视器可以打开至90度，且可以向镜头方向旋转180度，或者向反方向旋转90度，如图7-2所示。

图7-2　LCD监视器

（二）数码摄像机的主要性能指标

数码摄像机主要的性能指标如下。

- **CCD像素**：是CCD的主要性能指标，它决定了显示图像的清晰程度，分辨率越高，图像细节的表现越好。现在市场上大多以80万像素为划界，80万像素以上者为高清晰度摄像机。

- **CCD尺寸**：一般来说，尺寸越大，包含的像素越多，清晰度就越高，性能也就越好。在像素数目相同的条件下，尺寸越大，则显示的图像层次越丰富。

- **CCD个数**：3CCD要比单CCD的摄像机好很多，因为单CCD采用单片色还原，而3CCD采用每一片还原一种颜色，这样三片分别负责红绿蓝，不会造成像单片集中还原的相邻像素偏色的情况。

- **变焦倍数**：镜头的变焦倍数直接关系到数码摄像机对远处物体的抓取水准，变焦越大，对远方物体拍得越清晰。变焦分为光学变焦和数码变焦，其中真正起效用的是光学变焦，数码变焦只是使拍摄物体在取景器中放大，物体的清晰度没任何效用。

- **水平分辨率**：彩色数码摄像机的典型分辨率是在320~500电视线之间，主要有330线、380线、420线、460线、500线等不同档次。

（三）选购数码摄像机

选购数码摄像机除了注意前面介绍的性能指标外，还有以下几点注意事项。

- **镜头口径**：如果口径小，即使再大的像素，在光线比较暗的情况下也拍摄不出好的效果来。也就是说，在其他性能指标相同的情况下，选购镜头口径较大的产品。

- **操作菜单**：现在多数数码摄像机的操作菜单都十分简单，最好选择中文菜单和触摸式菜单，触摸式菜单只要在LCD监视器上触摸，就可以完成操作，十分方便。

- **LCD监视器**：也叫液晶取景器，主要就是亮度要够高，像素要够大，还有面积也是越大越好，现在比较流行的是2.5英寸和3.5英寸，只要在选购时稍加注意就可以了。

- **配件**：配件对摄像机能否正常运转也是起着十分关键的作用。一定要注意电池待机时间，一般标配的电池都是拍摄时间比较短的，最好单独购买一块电池。还有就是存储卡、各种线材（每个机型的机器相配套的），一些机器可能还有其他配件，注意看货物单上的器材是否全部有送。

● **保修:** 要购买比较好的厂家的品牌,而且要尽量在本地有维修站的,这样可能对使用有很大的好处。另外要注意不要购买水货。

三、任务实施

(一)使用数码摄像机

使用数码摄像机进行拍摄,其主要包括安装电池并充电,以及开机录制两个方面的操作,下面以松下HDC-HS60数码摄像机为例进行讲解。

1. 安装电池并充电

要使用数码摄像机,需要先安装电池,并对电池进行充电,其具体操作如下。

STEP 1 按如图7-3所示的方向装入电池,直到发出"咔嗒"一声,电池锁定。

STEP 2 将AC适配器连接到DC输入端口上,将AC电缆连接到AC适配器上,然后连接到AC电源插座,如图7-4所示,开始充电,充电时状态指示灯一直闪烁,充电完成状态指示灯熄灭。

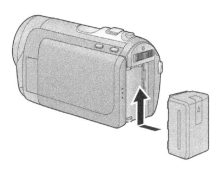

图7-3 安装电池　　　　　　　　　　图7-4 充电

2. 开始拍摄

充电完毕,取消相关线缆,即可开始拍摄视频,其具体操作如下。

STEP 1 打开LCD监视器,按下电源按钮打开电源,状态指示灯亮,如图7-5所示。

STEP 2 调节模式开关,将模式设置为🎥,按录制开始/停止按钮,开始录制视频,如图7-6所示。

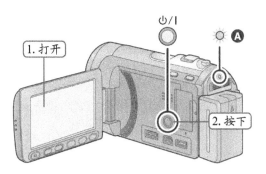

图7-5 打开电源

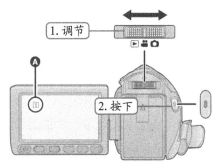

图7-6 开始录制

操作提示　如图7-6所示，LCD监视器左上角显示▌▌图标，开始录制时变为●。录制时按录制开始/停止按钮，将暂停录制；按住电源按钮，状态指示灯熄灭，即可关闭摄像机电源。

STEP 3　进行拍摄时，调节变焦杆即可放大与缩小图像，如图7-7所示，向T端调节可放大图像，向W端调节可缩小图像。

STEP 4　拍摄完毕，要回放拍摄的视频，需要调节模式开关，将模式设置为▶，如图7-8所示，在LCD监视器中进行触摸操作即可。

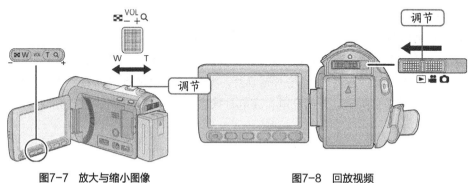

图7-7　放大与缩小图像　　　　　　　　图7-8　回放视频

（二）数码摄像机的日常维护与保养

数码摄像机的日常维护与保养主要包括外壳、镜头、电池3个方面。

1. 外壳

保护数码摄像机的外壳主要要从3个方面注意。

● 在拍摄时候，要注意摄像机不要碰到比较硬的物体，如桌子、栏杆、墙、树等，在拍摄时要事先看看环境，避免在构图中将机位靠在这些东西的附近。

● 避免在雨雪天气拍摄。

● 摄像机一定要妥善保管，不要放在有腐蚀性的物品旁边，因为现在摄像机的外壳就是两种，一种是塑料，另一种是金属，都极易被腐蚀，造成外壳原材料变形。

2. 镜头

镜头对于DV的拍摄效果的影响无疑是致命的，镜头的好坏直接决定数码摄像机拍摄的质量。摄像机的镜头是外露的，使用时应注意以下几个方面。

● 最好配一个UV镜。UV镜可以最大的保护摄像机的镜头免于损坏，而且是防尘、防划痕的最好的工具。

● DV只有在非常必要时才对镜头进行清洗。清洗时，用软刷和吹气球清除尘埃。务必使用棉纸，而且在擦洗时，不要用力挤压，因为镜头表面覆有一层比较易受损的涂层，切勿使用溶剂苯、杀虫剂等挥发性物质，以免机器变形甚至溶解。

3. 电池

数码摄像机主要是靠电池提供电源，维护与保养好电池才能延长其使用寿命。

- 保持电池两端的接触点和电池盖子的内部干净。如果表面很脏的话要使用柔软、清洁的干布轻轻地拂拭，绝不能使用清洁性或是化学性等具有溶解性的清洁剂。
- 充电时间取决于所用充电器和电池，以及使用电压是否稳定等因素。通常情况下给第一次使用的电池充电，锂电池一定要超过6h，镍氢电池则一定要超过14h，否则日后电池寿命会较短。而且电池还有残余电量时，尽量不要重复充电。
- 使用过程中要避免出现过放电情况。过放电就是一次消耗电能超过限度。否则即使再充电，其容量也不能完全恢复，对于电池是一种损伤。摄像机均设有电池报警功能，一旦出现此类情况应及时更换电池，尽量不让电池耗尽导致摄像机自动关机。
- 如果长时间不使用DV时，必须要将电池从数码摄像机中或是充电器内取出，并将其完全放电，然后存放在干燥、阴凉的环境，而且尽量避免将电池与一般的金属物品存放在一起。此外，新电池一定要按照说明书要求，前两次充电达到一定时间，这样才能使电池使用的更加长久，更加耐用。

（三）排除数码摄像机常见故障

在数码摄像机的使用过程中，也可能出现各种故障，其现象和解决办法见表7-2。

表7-2 排除数码摄像机常见故障

故障现象	故障分析与排除
电源突然关闭	使用电源适配器
	再次打开电源
	对电池组充电
即使将电源设定为打开，摄像机也无法工作	摄像机电源打开后，需要花几秒钟的时间准备才可以进行拍摄，这并非故障
	断开电源适配器的连接或取出电池组，约1min后重新连接。如果摄像机仍无法正常工作，使用尖头物体按RESET按钮
	摄像机温度过高。关闭摄像机，在凉爽的地方将摄像机放置片刻
	摄像机温度过低。将摄像机电源打开后放置片刻。如果仍无法操作摄像机，关闭摄像机并将其放在温暖的场所。将摄像机在那里放置片刻，然后打开摄像机
电源打不开	确认将已经充电的电池组装入摄像机
	确认将电源适配器的插头插到电源插座
录制停止	摄像机温度过高/过低。关闭摄像机，在凉爽/温暖的地方将摄像机放置片刻

任务二 使用与维护数码相机

数码相机（Digital Still Camera，DC）是一种利用电子传感器把光学影像转换成电子数据的照相机。在办公中主要用于工作所需的拍摄，其次用作产品介绍及广告设计、新闻采访、桌面排版及建筑方面的装潢设计。下面具体介绍其使用和维护方法。

一、任务目标

本任务将认识常见的数码相机，然后学习选购、使用、维护数码相机的相关知识。通过本任务的学习，可以掌握数码相机的基本操作，同时对选购和维护数码相机有一个基本的了解，并能排除数码相机的常见故障。

二、相关知识

（一）认识数码相机

数码相机的成像元件是CCD或者CMOS，该成像元件的特点是光线通过时，能根据光线的不同转化为电子信号，该工作原理与数码摄像机的相似。

1. 主要优点

数码相机是现在主流的照相机类型，与过去的胶卷相机相比，有如下优点。

- 拍照之后可以立即看到图片，从而提供了对不满意的作品立刻重拍的可能性，减少了遗憾的发生。
- 只需为那些想冲洗的照片付费，其他不需要的照片可以删除。
- 色彩还原和色彩范围不再依赖胶卷的质量。
- 感光度也不再因胶卷而固定，光电转换芯片能提供多种感光度选择。
- 产品结构相对简单，外观更为精致，产品变得越来越便于携带。
- 数码相机操作简单、明了，容易上手。

2. 主要类型

现在数码相机的种类大致分为卡片相机、长焦相机、数码单反3种。

- **卡片相机**：卡片相机仅指那些小巧的外形、相对较轻的机身及超薄时尚的设计的数码相机，如图7-9所示。
- **长焦相机**：就是拥有200mm以上焦段镜头的数码相机，如果以光变倍数来计算的话，则为7倍光学变焦以上的数码相机，如图7-10所示。
- **数码单反**：也叫单镜头反光照相机，它是用单镜头并通过此镜头反光取景的相机。所谓"单镜头"是指摄影曝光光路和取景光路共用一个镜头，如图7-11所示。

图7-9　卡片相机

图7-10　长焦相机

图7-11　数码单反

3. 主要结构

数码相机的结构主要分为正侧面和背面两个部分，下面以佳能IXUS9515数码相机为例进行讲解。

● **正侧面**：图7-12所示为数码相机的正侧面结构，对应名称见表7-3。

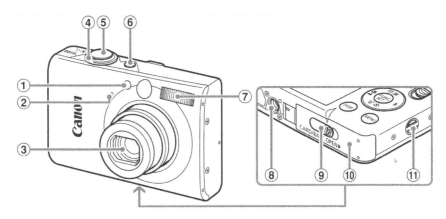

图7-12　数码相机正侧面外观

表 7-3　数码相机正侧面外观

号码	名称	号码	名称	号码	名称	号码	名称
①	灯（自动对焦辅助灯）/ 防红眼灯 / 自拍灯	③	镜头	⑥	电源按钮	⑨	直流电连接器端子盖
		④	变焦杆	⑦	闪光灯	⑩	储存卡 / 电池仓盖
②	麦克风	⑤	快门按钮	⑧	三脚架插孔	⑪	腕带扣

● **背面**：图7-13所示为数码相机的背面结构，对应名称见表7-4。

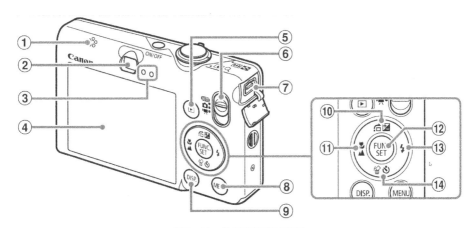

图7-13　数码相机背面外观

知识补充　数码相机指示灯有绿色、橙色、黄色3种状态。绿色亮起表示拍摄准备就绪，闪烁表示正在处理图像；橙色亮起表示闪光灯开启，闪烁表示相机震动；黄色亮起表示微距等特殊模式，闪烁表示无法对焦。

表7-4 数码相机背面外观

号码	名称	号码	名称	号码	名称	号码	名称
①	扬声器	⑥	模式开关	⑨	DISP（显示）按钮	⑫	FUNC/SET（功能/设置）按钮
②	取景器	⑦	A/V OUT（音频/视频输出）和 DIGITAL（数码）端子	⑩	（曝光）/（跳转）/▲按钮	⑬	（闪光灯）/▶按钮
③	指示灯						
④	液晶显示屏			⑪	（微距）/（无限远）/◀按钮	⑭	（自拍）/（删除图像）/▼按钮
⑤	▶（播放）按钮	⑧	MENU（菜单）按钮				

（二）数码相机的主要性能指标

数码相机的主要性能指标中，下面几项最能体现其性能。

● **光圈**：由f值来表示，f值越大，光圈越小。光圈越大（值越小）表示进光量就越大，优点是在弱光环境中，可以在不需要别的辅助方式的情况下保持相对高的快门速。

● **快门**：快门是用来决定进光时间长短的装置。一般来说范围越大越好，最高快门目前超过1/2000s，一般要高端机才具备，所以选择时要注意的是最慢速度。

● **CCD尺寸**：就是感光芯片的大小。一般是越大越好，如2/3的比1/1.8的好，1/1.8的又比1/2.5的好。理论上在相同像素下，CCD尺寸越大产生的噪点就越少。

● **光学变焦**：严格的说数码变焦是没有多少实际价值的，光学变焦不会影响拍摄的效果，而数码变焦则会使图像放大后变模糊。

● **像素**：普通500万像素的数码相机最大分辨率一般是2560×1920，已经完全超过了高清1920×1080的标准，人们的肉眼无法辨别这种像素的照片。

● **ISO值**：ISO是感光度，感光度越高感受光线的速度就越快，高ISO适合在弱光环境下使用，如室内照、夜景等，通常ISO值越低画面就越细腻。

（三）选购数码相机

选购数码相机首先应该注意其主要的性能指标，然后需要注意以下几个方面。

● **用途**：数码相机有3种类型，普通办公选择卡片机就行了，如果是广告公司等需要专业图片的企业，则需要选择单反相机。

● **镜头**：镜头是决定成像质量的最关键因素。选择镜头最重要的还是选品质，从镜头本身的品质而言，施耐得、卡尔蔡司、莱卡镜头一直是专业镜头的代名词。

● **经济性**：主要是指耗电情况、存储卡类型、三包服务等。现在市场上数码相机一般采用锂电、AA电池两种供电方式，最好选购锂电，当然两者兼备就更方便了。至于储存卡，XD卡和记忆棒比较昂贵，SD卡则以高速、廉价等特点，正在成为如今的主流存储介质。售后服务最好选择大陆行货。

● **品牌**：目前国内数码相机市场上主要是中、日、美、韩四分天下，有国产（联想、明基、海尔、爱国者等）、日系（佳能、尼康、索尼、奥林巴斯、理光等）、美国产（柯达）、韩国产（三星）。如今数码相机国产品牌的质量提升是有目共睹的，值得大家支持。

三、任务实施

（一）使用数码相机

使用数码相机包括准备工作和拍摄照片的相关操作，下面以佳能IXUS9515数码相机为例进行讲解。

1. 准备工作

使用数码相机的准备工作主要包括两项操作，一是为电池充电，二是安装电池和存储卡，其具体操作如下。

STEP 1 从数码相机的配件中找到电池，取下保护盖，如图7-14所示。

STEP 2 找到电池充电器，对准电池和充电器上的▲标记，然后按照①方向滑动电池，并按照②方向按下电池，将其插入充电器，如图7-15所示。

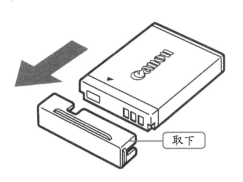

图7-14 取下保护盖

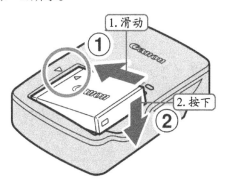

图7-15 插入电池

STEP 3 从充电器底部翻出电源插头，将其插入电源插座，充电器指示灯亮红色，表示充电开始，如图7-16所示。

STEP 4 充电完成后按照①方向滑动电池，并按照②方向提起电池，将其从充电器中取出，如图7-17所示。

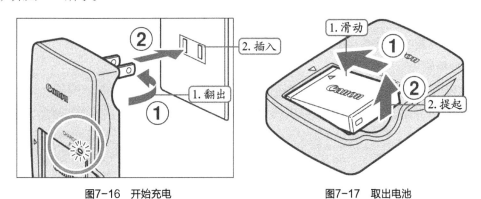

图7-16 开始充电

图7-17 取出电池

操作提示

充电结束时，指示灯会亮绿色。为了保护电池及延长电池的寿命，切勿连续充电超过24h。

STEP 5 在数码相机底部找到存储卡/电池仓盖，按照①方向滑动盖子，并按照②方向打开盖子，如图7-18所示。

STEP 6 找到电池的端子方向，向下将电池插入电池仓中，直到"咔嗒"一声锁定到位，如图7-19所示。

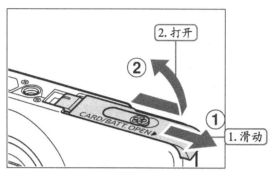

图7-18 打开仓盖

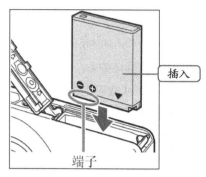

图7-19 安装电池

STEP 7 找到存储卡的端子方向，向下将电池插入存储卡仓中，直到"咔嗒"一声锁定到位，如图7-20所示。

STEP 8 按照①方向关上盖子，并按照②方向滑动盖子，直到"咔嗒"一声锁定到位，如图7-21所示。

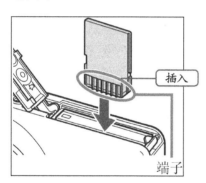

图7-20 安装存储卡

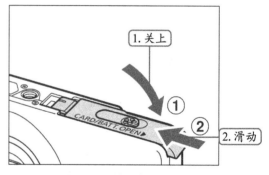

图7-21 关上盖子

2. 拍摄照片

安装好电池和存储卡后，就可以拍摄照片了，其具体操作如下。

STEP 1 按下数码相机的电源按钮，数码相机将发出启动的声音，并打开液晶显示屏，如图7-22所示。

STEP 2 调节模式开关，将其设置为"AUTO"模式，如图7-23所示，将相机对准拍摄的对象，相机在确认场景的过程中会发出轻微声响。

操作提示 相机对拍摄对象进行对焦，并在屏幕左上角显示场景图标。如果场景为人像，相机确认为主要对象的脸部会出现白框，其他的脸部则出现灰框。如果脸部发生移动，相机也会在一定范围内自动跟踪。

STEP 3 向[🌷]移动变焦杆会放大拍摄主体，使其显得更大，向[📷]移动变焦杆会缩小拍摄主体，使其显得更小，如图7-24所示。

图7-22 接通电源　　　　图7-23 选择模式　　　　图7-24 拍摄构图

STEP 4 半按快门按钮进行对焦，相机对焦时会鸣响两次，指示灯亮绿色，如图7-25所示，如果相机对焦一个以上的点，会出现几个自动对焦框。

STEP 5 完全按下快门按钮，相机会播放快门声音并进行拍摄，如图7-26所示，图像被存入存储卡时，指示灯将呈绿色闪烁。另外图像将在显示屏上显示2s。

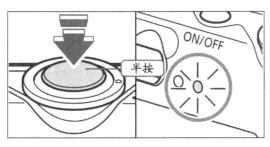
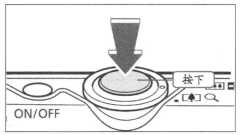

图7-25 对焦　　　　　　　　　　　　　　图7-26 拍摄

操作提示　　　如果要观看拍摄的照片，按下[▶]按钮，便会出现最后拍摄的照片，按[◀]▶按钮即可查看所有拍摄的照片。

（二）数码相机的日常维护与保养

数码相机的日常维护与保养主要是在操作时注意以下一些问题。

● **镜头**：相机镜头是非常精密的部件，表面做了防反射和增透的镀膜处理，一定要注意不能直接用手去摸。镜头沾上灰尘，最好的方法是用吹气球吹掉，用软毛刷轻轻刷掉，或者使用专用的镜头布或者镜头纸轻轻擦拭。

● **液晶显示屏**：避免液晶显示屏被硬物刮伤，通常液晶显示屏的表面有的有保护膜，有的没有，没有保护膜的液晶显示屏很脆弱，任何刮伤，都会留下痕迹。

● **存储卡**：只能在数码相机已经关闭的情况下安装和取出存储卡，应该关闭相机后等一会儿或注意相机的指示灯完全熄灭后再取出储存卡，避免存储卡被破坏。

● **电池**：但不论是锂电池还是镍氢电池，各种电池的使用、保存、携带都有很多要注意的地方。数码相机的电池和手机电池也是一样的，一般都是不防水的，所以一定要注意对电池的保护。

（三）排除数码相机常见故障

数码相机同样会出现各种问题，表7-5为数码相机常见故障的排除方法。

表7-5　排除数码相机常见故障

故障现象	故障分析与排除
按电源按钮却没有任何反应	确认电池是否已正确插入
	确认存储卡／电池仓盖是否已牢固关闭，再次打开电源
	如果电池端子脏污，电池性能将会下降。用棉签清洁端子，然后再将电池重新插入若干次
屏幕在拍摄时无法正常显示	相机受强光源照射时，显示可能会变暗
	荧光灯照射下，屏幕可能会闪烁
	拍摄亮光源时，屏幕上可能会出现光线条（紫红色）
没有存储卡	未按照正确的方向安装存储卡。按照正确的方向装入存储卡
存储卡已满	存储卡上没有足够的可用空间来拍摄图像或编辑图像。删除图像以开辟新图像的存储空间，或插入空白的存储卡
不能拍摄	处于播放模式时
镜头无法收回	不要在开机状态下打开存储卡／电池仓盖。关闭仓盖后，打开电源，然后再次关闭电源

任务三　使用与维护影碟机

影碟机也称为视盘机，是播放光盘中视频和声音的设备。影碟机的类别主要按支持播放的影碟类型来区分，一般包括VCD、超级VCD、DVD和蓝光等，现在市面上通常只有DVD影碟机和蓝光影碟机两种。下面具体介绍其使用和维护方法。

一、任务目标

本任务将认识影碟机，然后学习选购、使用、维护影碟机的相关知识。通过本任务的学习，可以掌握影碟机的基本操作，同时对选购和维护影碟机有一个基本的了解，并能排除影碟机的常见故障。

二、相关知识

（一）认识影碟机

办公中需要保存大量的资料，其中包括各种视频文件，通常可以刻录成光盘进行存储，当需要播放这些视频文件时，就可以使用影碟机进行。

1. 主要类型

现在市面上的影碟机主要有DVD和蓝光两种。

● **DVD影碟机**：DVD影碟机就是播放DVD光盘的影碟机类型，除了播放DVD光盘外，DVD影碟机也能播放VCD格式的光盘。

● **蓝光影碟机**：蓝光影碟机就是播放蓝光光盘的影碟机类型，由于播放时用蓝色激光读取光盘中的文件，所以叫蓝光影碟机。除了播放蓝光光盘外，蓝光影碟机也能播放DVD和VCD格式的光盘。

2. 播放光盘

根据影碟机的类型，播放的光盘主要有DVD和蓝光两种。

● **DVD**：DVD（Digital Versatile Disc，数字多功能光盘）是一种光盘存储器，通常用来存储高清晰度的电影、高质量的音乐和大容量的数据。由于材质和工艺原理的限制，其最大容量为17GB左右。

● **蓝光**：蓝光光盘（Blu-ray Disc，BD）是DVD时代之后的高画质影音储存光盘媒体（可支持Full HD影像与高音质规格）。蓝光光盘的格式是最先进的大容量光盘格式，其容量为25GB或50GB。

3. 主要结构

影碟机主要结构分为主机前侧、主机后侧、遥控器3个部分，下面以索尼BDP-S590蓝光影碟机为例进行讲解。

● **主机前侧**：影碟机的主机前侧如图7-27所示，对应名称见表7-6。

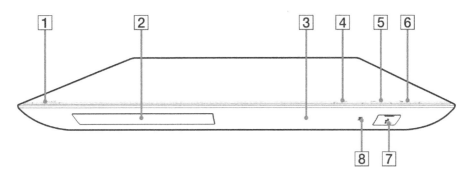

图7-27　影碟机的主机前侧外观

表7-6　影碟机的主机前侧

号码	名称	号码	名称	号码	名称	号码	名称
1	I/⏻（开 / 待机）按钮	3	前面板显示窗	5	▶（播放）按钮	7	ⵗ（USB）插孔
2	光盘托盘	4	⏏（打开 / 关闭）按钮	6	■（停止）按钮	8	遥控传感器

● **主机后侧**：影碟机的主机后侧如图7-28所示，对应名称见表7-7。

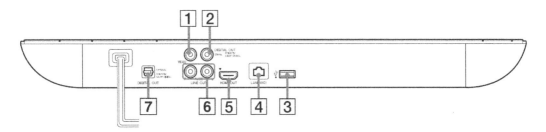

图7-28　影碟机的主机后侧外观

表 7-7　影碟机的主机后侧

号码	名称	号码	名称	号码	名称
1	LINE OUT（VIDEO）插孔	4	LAN (100) 端子	7	DIGITAL OUT（OPTICAL） 插孔
2	DIGITAL OUT（COAXIAL）插孔	5	HDMI OUT 插孔		
3	（USB）插孔	6	LINE OUT（R-AUDIO-L）插孔		

● **遥控器**：影碟机的遥控器如图7-29所示，其各部分的名称和功能见表7-8。

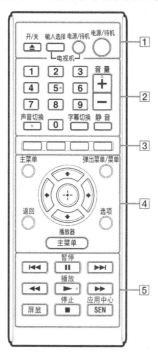

图7-29　影碟机遥控器

表 7-8　影碟机遥控器

号码	名称	功能
1	⏏开 / 关	打开或关闭光盘托盘
	- 电视机 - 输入选择	在电视和其他输入信号源之间切换
	- 电视机 - 电源 / 待机	打开电视机，或设为待机模式
	电源 / 待机	打开播放器，或设为待机模式
2	数字按钮（0~9）	输入标题 / 章节号码等
	音量 +/-	调节电视音量
	声音切换	当 BD-ROM/DVD VIDEO 上录制有多语言音轨时，可以选择语言音轨。选择 CD 上的音轨
	语言切换	当 BD-ROM/DVD VIDEO 上录制有多语言字幕时，可以选择字幕语言
	静音	暂时关闭声音
3	色彩按钮（红 / 绿 / 黄 / 蓝）	对话式功能用快捷键

号码	名称	功能
4	主菜单	打开或关闭 BD 或 DVD 的主菜单
	弹出菜单 / 菜单	打开或关闭 BD-ROM 的弹出菜单或 DVD 的菜单
	播放器主菜单	进入播放器的主菜单。当按主菜单的类别图标时，显示壁纸
	返回	返回前一个显示
	←/↑/↓/→	移动突出显示，以选择显示项目
	中央按钮（输入）	输入所选项目
	选项	在屏幕上显示可利用的选项
5	◄◄ /►►（后退 / 前进）	跳到前一个 / 下一个章节、曲目或文件
	‖ 暂停	在播放期间按下此按钮时，可快倒 / 快进光盘。视频播放期间按下此按钮时，搜索速度会相应改变
	► 播放	开始或重新开始播放
	屏显	在画面上显示播放和网络浏览信息
	■ 停止	停止播放并记忆停止位置（恢复位置）

（二）选购影碟机

选购影碟机时需要考虑这些方面：价格、售后服务、功能、解码能力、区域码兼容、读盘能力、输出接口是否齐全（包括各种音频、视频接口以及话筒接口等）、各种实用功能，此外还要防震防尘。

- **解码能力**：视频存放时的数据就像一段密码，密码种类不同格式就不同，每种格式需要对应一种解码器。能否完美地从视频数据中重现视频原貌就是解码能力。
- **区域码兼容**：这是一项DVD技术生产的限制措施——分区制，将全球划分为6个不同级别的系统播放软件区域，规定各区号的影碟机只能播放区号相同的光盘。

三、任务实施

（一）使用影碟机

使用影碟机进行视频播放时，首先需要连接设备，然后放入光盘进行播放。

1. 连接设备

影碟机进行播放前，需要先连接一些设备，主要有电视、AV放大器和网络，其中最常见的是连接电视机。

- **连接电视**：根据电视机上的输入插孔选择下列连接方式之一，当连接时，匹配插头与插孔的颜色，如图7-30所示。
- **连接AV放大器**：根据AV放大器（接收机）上的输入插孔选择下列连接方式之一。当选择A或B时，在【音频设置】设置中进行适当的设置，如图7-31所示。

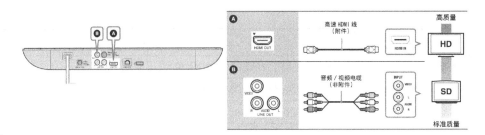

图7-30 影碟机连接电视

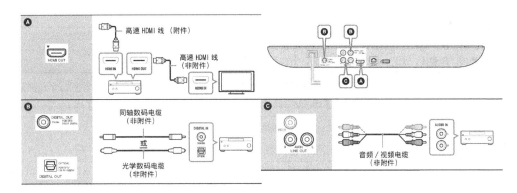

图7-31 影碟机连接AV放大器

● **连接网络**：用网线连接播放器上的LAN（100）端子，如图7-32所示；或者将USB无线网络络接收器连接到影碟机后面的USB插孔，如图7-33所示。

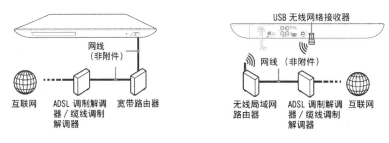

图7-32 连接有线网络　　　　图7-33 连接无线网络

2．播放视频

在确保设备连接正确后，打开播放器，放入光盘播放视频，其具体操作如下。

STEP 1 拿出遥控器，取下电池仓盖，插入两节R6（AA尺寸）的电池，令电池的⊕和⊖端与电池仓内的标记一致，如图7-34所示，然后关上电池仓盖。

STEP 2 将播放器连接到电源，如图7-35所示。

STEP 3 按l/⏻按钮打开播放器，如图7-36所示。

STEP 4 打开电视机并设定电视机上的输入选择器，然后电视机屏幕上将显示播放器的信号。按照画面上的说明，用遥控器上的←/↑/↓/→和输入按钮进行基本设置。

STEP 5 按⏏开/关，弹出光盘托盘，然后将光盘放在光盘托盘上；按⏏开/关，关闭光盘托盘，如图7-37所示，影碟机开始自动播放光盘。

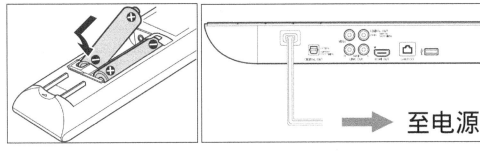

图7-34　安装电池　　　　　　　　　图7-35　连接电源

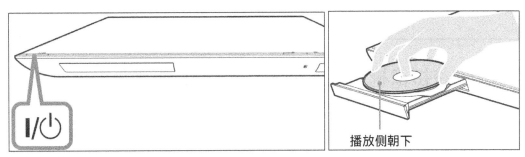

图7-36　启动影碟机　　　　　　　图7-37　放入光盘

（二）影碟机的日常维护与保养

影碟机在保养方面要注意以下几点。

- 放在平坦、坚固的平面上，不要放在地毯上。
- 不要在其上任何重物。
- 不要在下面放置物品（如杂志）。
- 为防止受热，不要把影碟机放在其他设备上（如电视机或功放），要放在通风良好的位置，并且上左右前后要有足够透气空间。
- 不要放在潮湿和尘土过多环境中。
- 不要在上面放任何危险物品。例如，装有液体的物件，或者燃烧的蜡烛。

（三）排除影碟机常见故障

一旦影碟机出现故障时，可以按照表7-9所示的方法进行解决，如果无法排除故障，再联系厂商售后服务。

表 7-9　排除影碟机常见故障

故障现象	故障分析与排除
没有图像或不正确输出图像	确保所有连接电缆均已牢固连接
	将电视机上的输入选择器切换为显示来自播放器的信号
	拔下并重新连接 HDMI 电缆

故障现象	故障分析与排除
没有声音或声音不正确输出	确保所有连接电缆均已牢固连接
	切换 AV 放大器上的输入选择器，以使播放器的音频信号从 AV 放大器输出
	拔下并重新连接 HDMI 电缆
光盘不播放	光盘脏了或发生扭曲
	光盘上下倒置。以播放面朝下插入光盘
	光盘具有本播放器无法播放的格式
	本播放器不能播放未正确终结化的录制光盘
	BD 或 DVD 上的地区代码与播放器不匹配

实训一 将摄像机拍摄的视频导入计算机

【实训要求】

　　摄像机拍摄的视频也能保存到其他位置，如计算机中。下面就将摄像机中拍摄的视频和图片导入计算机中进行保存。

【实训思路】

　　本实训首先在计算机中安装摄像机驱动程序，然后连接摄像机和计算机，最后将其中的视频文件复制到计算机中。本实训的思路如图7-38所示。

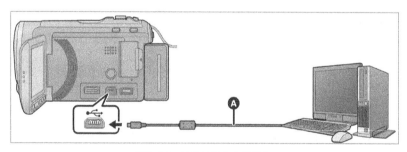

图7-38　连接计算机和摄像机

【步骤提示】

STEP 1 在计算机中利用摄像机的驱动安装光盘安装摄像机驱动程序。

STEP 2 将摄像机的数据线一端与计算机的USB接口相连，另一端与摄像机相连，然后打开摄像机的电源开关。

STEP 3 在计算机中打开"我的电脑"窗口，在"有可移动的存储设备"栏双击连接相机后出现的可移动存储磁盘图标。

STEP 4 打开该移动存储磁盘，复制其中的视频文件到计算机中。

STEP 5 关闭摄像机电源，断开连接线。

实训二 使用数码相机自拍

【实训要求】

数码相机同样支持自拍功能。自拍功能可以用于拍摄相机操作者在内的合影照片。本实训就要利用相机的自拍功能，延时10s进行自拍。

【实训思路】

本实训需要先固定数码相机，然后进行自拍设置，接着对焦，最后拍照。本实训的思路如图7-39所示。

图7-39 10s延时自拍

【步骤提示】

STEP 1 启动数码相机，进入拍摄模式，然后将相机进行位置固定。

STEP 2 按▼按钮，在打开的模式中按▲▼按钮，选择ꗣ模式，然后按ꗧ按钮。

STEP 3 半按快门按钮进行拍摄对象的对焦，然后完全按下快门按钮。

STEP 4 自拍功能启动，指示灯闪烁，并播放自拍声音，自拍快门释放前2s，指示灯和声音将加快，快门释放，完成自拍。

常见疑难解析

问：公司要购买数码相机，但有人说数码摄像机也有拍照功能，最好买摄像机，到底该怎么选择呢？

答：数码相机同样有摄像功能，但相机的摄像功能肯定比不过摄像机；同样，摄像机的照相功能也比不过数码像机。因此，如果侧重拍摄动态画面，就需要选购一台摄像机；侧重拍摄静态画面，就选购一台数码相机。

问：公司没有扫描仪，有没有其他方法，不通过输入，将书本或报刊中的文字转换到计算机中？

答：可以通过数码相机配合doPDF和CAJViewer两款软件，将数码相机拍摄的照片中的文字转换到计算机中，数码相机把需要的文字拍下来（注意：照片效果越好，将能缩小转换文字的误差率），并将其导出到计算机中。启动Word，将图片插入到文档中，进行打印。打开"打印"对话框，在"打印机"栏的"名称"下拉列表框中选择"doPDF v7"选项，打开"doPDF-保存PDF文件"对话框，设置PDF文件的保存位置和文件名；启动CAJViewer软件，打开刚才保存的PDF文件；在工具栏中单击"选择图像"按钮 ▣，在打开的PDF文件中拖动选择需要转换文字的部分，在工具栏中单击"文字识别"按钮 ▣，即可打开"文字识别结果"对话框，在其中即可看到转换出来的文字。单击 复制到剪贴板(A) 按钮，打开提示对话框，提示已经将所有转换的文本复制到剪贴板中，返回刚才插入照片的文档中，单击鼠标右键，在弹出的快捷菜单中选择【粘贴】命令，即可将识别的文本复制到其中。

拓展知识

1. 高清

高清（High Definition）意思是"高分辨率"。一般所说的高清，有4个含义：高清电视，高清设备，高清格式，高清电影等，以下是几种常见的电视扫描格式。

- **D2**：为480P格式，和逐行扫描DVD规格相同，525条垂直扫描线，480条可见垂直扫描线，4:3 或 16:9，分辨率为640×480，逐行/60Hz，行频为31.5kHz。
- **D4**：为720P格式，是标准数字电视显示模式，750条垂直扫描线，720条可见垂直扫描线，16:9，分辨率为1280×720，逐行/60Hz，行频为45kHz。
- **D5**：为1080P格式，是标准数字电视显示模式，1125条垂直扫描线，1080条可见垂直扫描线，16:9，分辨率为1920×1080，逐行扫描，专业格式。

通常达到720P和1080P的设备都可以成为高清，一些俗称的"全高清"（Full HD）则是指支持1080P输出的设备。

2. 镜头

镜头是摄影机和相机以生成影像的光学部件，由多片透镜组成。各种不同的镜头各有不同的造型特点，它们在摄影造型上应用，构成光学表现手段。

- **定焦镜头**：没有变焦功能，设计比变焦镜头简单。定焦镜头相对于变焦机器的最大好处就是对焦速度快，成像质量稳定，画面细腻，颗粒感非常轻微，测光也比较准确。
- **标准镜头**：通常是指焦距为40~55mm的摄影镜头。标准镜头给人以记实性的视觉效果画面，因而在实际的拍摄中，它的使用频率是较高的。
- **长焦镜头**：视角在20°以内，焦距可达几十毫米或上百毫米；焦距长，视角小，在底片上成像大。长焦镜头在同一距离上能拍出比标准镜头更大的影像。适合拍摄远处对象。
- **广角镜头**：通常是指镜头焦距为17~35mm的镜头，镜头视角大，视野宽阔，景深长，可以表现出相当大的清晰范围，善于夸张前景和表现景物的远近感。

课后练习

（1）公司需要拍摄广告视频和图片，请帮助分别选购一台数码摄像机和一台数码相机。

（2）使用数码摄像机拍摄一段视频。

（3）使用数码相机拍摄一些风景照片。

项目八 办公存储设备

情景导入

阿秀：小白，你带U盘了吗？借我用一下。

小白：带了，但只有2GB，可以吗？

阿秀：太小了，我要复制公司年终大会的视频，都是大文件，最少需要15个GB。

小白：那怎么办？

阿秀：让我想想。对了，两个办法，工程部有个2TB的移动硬盘，可以借来使用，或者去售后服务部借蓝光刻录机来使用。

小白：蓝光刻录机？

阿秀：就是把这些视频刻录成蓝光的光盘就行了。

小白：原来如此，可我还不会刻录的操作呢，请秀姐教教我吧！

学习目标

● 认识常见的办公存储设备
● 熟悉办公存储设备的各种性能参数
● 熟悉办公存储设备的选购技巧
● 熟悉办公存储设备的常用操作

技能目标

● 掌握选购办公存储设备的方法
● 掌握使用办公存储设备的方法
● 掌握维护办公存储设备的方法

任务一　使用与维护U盘

U盘，全称USB闪存盘，英文名"USB flash disk"。它是一种使用USB接口的无需物理驱动器的微型高容量移动存储产品；通过USB接口与计算机连接，实现即插即用，在办公中可以用于数据的快速存储。下面具体介绍其使用和维护方法。

一、任务目标

本任务将认识常见的U盘，然后学习选购、使用、维护U盘的相关知识。通过本任务的学习，可以掌握U盘的基本操作，同时对选购和维护U盘有一个基本的了解，并能排除U盘的常见故障。

二、相关知识

（一）认识U盘

U盘是由硬件部分（核心硬件主要是FLASH存储芯片和控制芯片，以及其他如USB接口、PCB板和LED等）和软件部分（包括嵌入式软件与应用软件）组成，具有读写速度快、容量大和可重复读写等特点。

1. 类型

U盘主要功能是用来存储数据资料，但有许多附加功能，按功能的不同分为加密、启动、杀毒等类型。

● **加密U盘**：又分为两类，第一类是硬件加密技术，通过U盘的主控芯片进行加密，安全级别高，不容易被破解，成本较高；第二类是软件加密技术，通过外置服务端或内置软件操作，对U盘文件进行加密，这种技术安全性因工而异，成本相对较低。

● **启动U盘**：分为两类，第一类是专门用来做系统启动，功能比较单一；第二类是专门用来维护计算机制作的强大的功能性U盘，除了可以启动计算机外，还具有磁盘分区、系统杀毒、系统修复、文件备份、密码修改等功能。

● **杀毒U盘**：是一种将各种杀毒软件U盘版嵌入U盘中，使杀毒软件使用方便快捷，安全，操作简单，只需将U盘插入计算机，自动运行杀毒软件查杀病毒。

2. 组成

U盘的结构很简单，由外壳和机芯组成。

● **机芯**：机芯包括一块PCB、USB主控芯片、晶振、贴片电阻、电容、USB接口、贴片LED（不是所有的U盘都有）、FLASH（闪存）芯片。

● **外壳**：按材料分类，有ABS塑料、竹木、金属、皮套、硅胶、PVC软件等；按风格分类，有卡片、笔型、迷你、卡通、商务、仿真等；按功能分类，有加密、杀毒、防水、智能等。

3. 外部结构

U盘的外部结构也比较简单，通常由接口、大量存储设备控制器（外部有机壳保护）、指示灯、接口盖子组成，如图8-1所示。

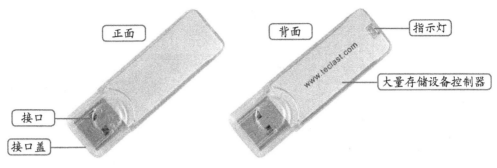

图8-1 U盘结构

> **知识补充** 有些U盘的侧面有写入保护开关，其作用时提供"写入保护模式"功能，防止数据被改写。有些U盘在本体或盖子上有一个小环，能够让钥匙圈、颈链等穿过，便于携带。

（二）U盘的主要性能指标

U盘的的性能指标主要有存储容量和接口类型两个。

● **存储容量**：就是U盘能保存数据的多少，常见的U盘容量包括2GB、4GB、8GB、16GB、32GB、64GB、128GB、256GB等。

● **接口类型**：主要有USB 2.0和USB 3.0两种。USB 3.0是最新的类型，它极大提高了带宽——高达5Gbit/s全双工（USB2.0为480Mbit/s半双工），使得U盘和计算机之间数据传输的速度更快，数据处理的效率更高。

（三）选购U盘

选购U盘除了注意前面介绍的性能指标外，还有以下两点注意事项。

● **品牌**：主流的品牌有金士顿、PNY、台电、联想、爱国者、朗科、纽曼等。

● **安全性**：特别是对于U盘来说，理论上可正常擦写100万次。由于FLASH芯片的材质影响了其品质，因此若材质不好，在使用了一段时间后可能会产生容量变小的情况，这种变化会造成用户数据的丢失，给用户带来极大的损失。

三、任务实施

（一）使用U盘

U盘的使用非常简单，只需将其插入计算机的USB接口，待计算机自动安装完驱动程序后，即可像操作普通硬盘一样进行使用。下面将一个文件保存到U盘中，其具体操作如下。

STEP 1 找到计算机机箱前面板上的USB接口，如果有遮盖物应用手打开，露出USB接口，将U盘接口与计算机的USB接口连接，如图8-2所示，U盘上的指示灯会闪动。

STEP 2 稍后系统将在任务栏的右侧弹出"发现硬件"、"可以使用该硬件了"等提示框，待提示框结束后便显示图标，如图8-3所示。

STEP 3 打开记事本程序，在窗口中输入一段文字，然后选择【文件】/【保存】命令，如图8-4所示。

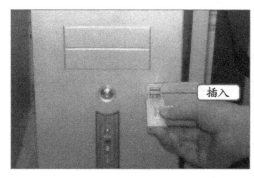

图8-2 插入U盘

图8-3 安装驱动程序

STEP 4 在打开的【另存为】对话框中，单击"保存在"右侧的 ∨ 按钮，在弹出的列表中选择"可移动磁盘"选项，表示将文件保存到U盘，在"文件名"文本框中输入文件名，单击 保存(S) 按钮保存文件，如图8-5所示。

图8-4 选择操作

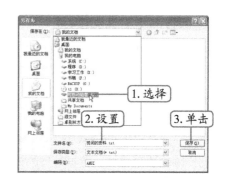

图8-5 保存文件到U盘

STEP 5 在"我的电脑"窗口中双击U盘盘符，如图8-6所示。

STEP 6 在打开的窗口中可看到保存在U盘中的文件，如图8-7所示。

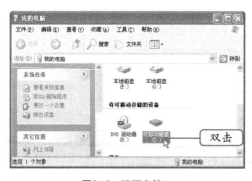

图8-6 选择盘符

图8-7 打开U盘

STEP 7 待操作完成后，单击任务栏中可移动磁盘的图标 ，弹出如图8-8所示的提示框，在其上单击鼠标。

STEP 8 弹出可以从系统中安全移除的提示框，如图8-9所示，此后将U盘从计算机的USB接口拔出即可。

图8-8 选择操作   图8-9 拔出U盘

（二）U盘的日常维护与保养

U盘也需要日常维护和保养，才能延长其使用寿命，主要包括以下几点。

● 不要在U盘进行读写的时候强行拔出U盘，应该按照前面介绍的方法进行安全删除。

● 不要轻易摔U盘，虽然U盘比较牢固，摔多了仍然容易损坏。

● U盘应放在干燥处，芯片进水会导致短路损坏。

● U盘要多杀毒，因为U盘经常在不同的计算机中使用，很容易感染病毒。

（三）排除U盘常见故障

在U盘的使用过程中，也可能出现各种故障，其现象和解决办法见表8-1。

表 8-1 排除 U 盘常见故障

故障现象	故障分析与排除
插入 U 盘，提示无法识别的 USB 设备	计算机或 U 盘的 USB 接口氧化，松动，系统驱动被病毒破坏。需要将 U 盘插入机箱后面板 USB 接口，一般可解决，不行的时候多插几次，如果还不行就是 U 盘坏了
	摔过或是 U 盘进水。只能找产品售后修理或更换
打开时提示"磁盘还没有格式化"但系统又无法格式化，或提示"请插入磁盘"	这种故障通常是软件问题，使用修复软件进行修复，或者重新格式化
显示容量还在，但是找不到文件夹或者是文件	先对计算机进行病毒查杀，然后在操作系统设置显示所有文件
U 盘自动播放病毒	下载一个超级巡警 U 盘免疫器，精细全盘免疫即可

任务二 使用与维护移动硬盘

移动硬盘（Mobile Hard disk）顾名思义是以硬盘为存储介质，计算机之间交换大容量数据，强调便携性的存储产品。由于其容量比U盘大，体积比硬盘小，更加适合移动商务使用。下面具体介绍其使用和维护方法。

一、任务目标

本任务将认识常见的移动硬盘，然后学习选购、使用、维护移动硬盘的相关知识。通过本任务的学习，可以掌握移动硬盘的基本操作，同时对选购和维护移动硬盘有一个基本的了解，并能排除移动硬盘的常见故障。

二、相关知识

（一）认识移动硬盘

移动硬盘是一种大容量的移动数据存储设备，其数据存储介质是半导体电介质。在音频、图像、视频等多媒体数据备份存储领域，移动硬盘具有更高的性价比。

1. 主要特点

移动硬盘相对于U盘和普通硬盘具有以下优点。

- **体积小**：移动硬盘（盒）的尺寸分为1.8英寸、2.5英寸、3.5英寸3种，2.5英寸移动硬盘盒体积小质量轻，便于携带，一般不需要外置电源。
- **速度快**：移动硬盘大多采用USB、IEEE1394、eSATA接口，能提供较高的数据传输速度。
- **使用方便**：通过接口能迅速与计算机等设备进行数据交换。
- **可靠性提升**：移动硬盘采用以硅氧为材料的磁盘驱动器，有效地降低了盘片可能影响数据可靠性和完整性的不规则盘面的数量，更高的盘面硬度使USB硬盘具有很高的可靠性，另外还具有防震功能。

2. 主要结构

移动硬盘的结构很简单，主要由外壳、磁盘驱动器、外部接口3个部分组成，如图8-10所示，图中显示了两种不同的外部接口。

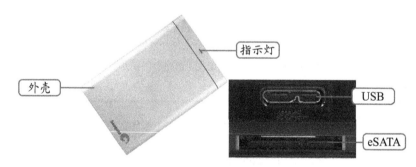

图8-10 移动硬盘

（二）移动硬盘的主要性能指标

移动硬盘的性能指标和普通硬盘相似，下面几项最能体现其性能。

- **容量**：用于表示硬盘能够存储多少数据的一项重要指标，通常以B为单位，目前主流的移动硬盘容量从320GB到12TB（1TB=1024GB）不等。
- **接口**：主要有USB 2.0、USB 3.0、eSATA、IEEE1394四种，且可能在同一块硬盘上集成多种接口；另外使用无线接口的移动硬盘。
- **转速**：它是硬盘内电机主轴的旋转速度，也就是硬盘盘片在1min内所能完成的最大转数。硬盘的转速越快，硬盘寻找文件的速度也就越快，相对的硬盘的传输速度也就得到了提高。硬盘转速以每分钟多少转来表示，单位为r/min（转/每分钟），值越大越好。目前主流移动硬盘转速有5400r/min和7200r/min两种。

（三）选购移动硬盘

选购移动硬盘时，除了各项性能指标外，还需要了解硬盘是否符合用户的需求，如硬盘的性价比、品牌和售后服务等。

- **性价比**：硬盘的性价比可以通过计算每款产品的"每GB的价格"得出衡量值，计算方法为：用产品市场价格除以产品容量得出"每GB的价格"，值越低性价比越高。
- **主流品牌**：常见的移动硬盘主流品牌有希捷、西部数据、日立、三星、东芝。
- **售后**：移动硬盘中保存的都是相当重要数据，因此售后服务也就显得特别重要。目前移动硬盘的质保期多在2~3年，有些甚至长达5年。

三、任务实施

（一）移动硬盘的日常维护与保养

影响移动硬盘寿命的两大因素是电压不稳和震动，日常维护和保养主要注意这两点。

- **提供稳定电压**：主板质量不过硬，常常导致计算机前置USB接口电气性能不稳定，而移动硬盘对此要求又很高，所以最好使用计算机后置（主板自带）USB接口连接移动硬盘。
- **避免震动**：虽然移动硬盘较台式机硬盘抗震，但硬盘的工作原理决定了它怕震动的特性。因此在使用过程中应注意硬盘的稳固。拔出移动硬盘时，一手稳定硬盘不动，另一手拔线，拔线后等数秒，硬盘停转后再移动。

操作提示　移动硬盘的使用方法与U盘几乎完全相同，只需要连接计算机，然后安装驱动程序后即可进行资料传输，这里不在赘述。

（二）排除移动硬盘常见故障

移动硬盘同样会出现各种问题，表8-2为移动硬盘常见故障的排除方法。

表 8-2　排除移动硬盘常见故障

故障现象	故障分析与排除
电路板损坏	外接数据电源电压不足，电路板质量问题都容易出现损坏，被损坏后，硬盘指示灯、电机都不会运转。只能送修
无法读出硬盘，无法被识别，多数是能听到声音而找不到硬盘	驱动模块等固件出现丢失损坏，送修
识别慢，读写慢，甚至是蓝屏	硬盘使用寿命过长，或者长期间非常短接，经常断电，会使得硬盘容易出现坏道。使用软件修复坏道，或者屏蔽坏道
硬盘安全密码忘记了，无法进入	需要到产品售后服务处破除密码

任务三 使用与维护刻录机

刻录机也称为光盘刻录机，是一种在计算机中使用并能刻录和读取CD、DVD、蓝光光盘的光盘驱动器，也被称为刻录光驱。使用刻录机可以将办公中的各种数据资料刻录到光盘中，进行永久保存。下面具体介绍其使用和维护方法。

一、任务目标

本任务将认识刻录机和刻录光盘，然后学习选购、使用、维护刻录机的相关知识。通过本任务的学习，可以掌握刻录机的基本操作，同时对选购和维护刻录机有一个基本的了解，并能排除刻录机的常见故障。

二、相关知识

（一）认识刻录机

刻录机通常利用大功率激光照射刻录光盘的染料层，在染料层上形成一个个平面（Land）和凹坑（Pit），读取这些平面和凹坑的时候就能够将其转换为0和1的数字信号，从而达到记录数据的目的。

1. 主要类型

现在市面上的刻录机主要有DVD和蓝光两种，其中DVD刻录机又分为DVD-RAM、DVD-R/RW、DVD+R/RW3种类型。

- **DVD-R/RW刻录机**：这种刻录机采用CLV（恒定线速度读取）刻录方式，刻录速度较慢，只能刻录DVD-R和DVD-RW光盘。
- **DVD+R/RW刻录机**：这种刻录机采用CAV（恒定角速度读取）的刻录方式，可刻录DVD+R和DVD+RW光盘，并可读取DVD-R和DVD-RW光盘。
- **DVD-RAM刻录机**：它具备反复可复写的特性，在不借助任何软件的情况下，可以像使用硬盘一样对刻录光盘进行格式化、复制、粘贴等操作。
- **蓝光刻录机**：蓝光刻录机不仅能刻录蓝光光盘，而且支持几乎所有DVD和CD光盘的刻录与读取。

知识补充　　　光雕刻录机其实是一种具备了光雕技术的DVD刻录机。光雕技术是一项允许用户在光盘背面刻写个性化图案的技术，需要刻录机和光盘同时支持。光雕技术用激光雕刻涂在光盘上的一层特殊材料，使其颜色发生变化，从而实现雕刻的效果。物理结构上光雕刻录机比一般的DVD刻录机产品多了一个光头，即专门用来定位的"光学定位器"，用来保证雕刻图案时的准确定位。

2. 主要结构

刻录机的外部结构比较简单，主要分为正面和背面两个部分。正面主要是开仓按钮和光盘仓口，背面主要是数据和电源接口，如图8-11所示。

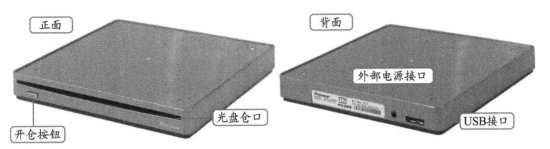

图8-11　刻录机外观

（二）刻录机的主要性能指标

刻录机的性能指标能够表现刻录机的主要工作能力，了解这些指标有助于更好的学习和选购刻录机。下面介绍刻录机的主要性能指标。

● **刻录规范**：在刻录机表面和包装盒上，都有各种刻录规范的标识，认识这些标识对于了解刻录机的相关功能有很大的作用，见表8-3。

表 8-3　主要刻录规范

刻录标识	名称	主要功能
DVD ROM	DVD 读取规范	支持 CD 和 DVD 读取
DVD RAM	DVD-RAM 刻录规范	支持 DVD-RAM 刻录和 CD 和 DVD 读取
DVD R/RW	DVD-R/RW 刻录规范	支持 DVD-R/RW 和 CD-R/RW 刻录，以及 CD 和 DVD 读取
RW DVD+ReWritable	DVD+R/RW 刻录规范	支持 DVD+R/RW 和 CD-R/RW 刻录，以及 CD 和 DVD 读取
DVD MULTI RECORDER	DVD-Multi 规范	支持 DVD-RAM、DVD-R/RW，CD-R/RW 的刻录和读取
DVD-Dual	DVD-Dual 规范	又称 DVD-Dual RW 标准，兼容 DVD-R/RW 和 DVD+R/RW 两种规范
super multi	super multi 规范	兼容 DVD-RAM、DVD-R/RW 和 DVD+R/RW 这 3 种规范
lightScribe	光雕（Lightscribe）规范	这种规范只是一项允许用户在光盘背面刻写个性化图案的技术
blu-ray Disc	蓝光（Blu-ray）规范	它同时支持 BD-R/RE 的读写，和其他所有 CD 和 DVD 格式光盘的读写

● **接口**：刻录机的接口有很多种类型，从最初的IDE接口到现在的SATA接口，发展了很多类型，但现在主流的刻录机接口类型只有USB和SATA两种。

● **速度**：刻录机的速度指标比较复杂，有刻录速度（刻录不同的光盘有不同的速度）、读取速度（读取不同的光盘有不同的速度）等。无论什么速度，在刻录效果相同的情况下，速度越快，刻录机的性能就越强。

● **缓存容量**：一般来说，刻录速度越快，就需要更大的缓冲存储器，以处理更高的传输速率。在刻录光盘时，系统会把需要刻录的数据预先读取到刻录机的缓存中，然后再从缓存读取数据进行刻录。缓存就是数据和刻录盘之间的桥梁。目前受制造成本的限制，刻录机的缓存制作得都不大，一般有2MB左右。

● **噪声、发热量、刻录稳定性和寿命**：刻录机工作时，其激光头及高速旋转的机械部件都必然产生热量、噪声、震动，通常这些不利因素都会导致不良后果。性能较差的刻录机和光驱一样会有较大的噪声或发热量，这将影响刻录质量与稳定性，而震动会影响刻录数据的可靠性，热量会使盘片产生热塑变形，二者也都会影响刻录机的寿命。因此这些都是刻录机重要的性能指标。

（三）选购刻录机

除了主要的性能指标外，选购刻录机还需要注意以下几个方面的内容。

● **读取方式**：刻录机的读盘方式主要有CLV（恒定线速度）、CAV（恒定角速度）、P-CAV（局部恒定角速度）、Z-CLV（区域恒定线速度）4种。主流的刻录机都采用Z-CLV读取方式。这种技术可以让刻录机保证稳定的前提下再将速度提升到更高的阶段，从而避免了电机转速过高带来的不稳定因素。

● **减震设计**：在选购刻录机时，减震设计却是很多消费者容易忽略的因素。市场上的各种刻录机的减震设计原理各异，因此效果差别也比较明显。目前先进技术当属VAS（Vibration Absorber System，集震器减震系统）减震技术。

● **附赠软件和配件**：刻录机在使用时是需要刻录软件相互配合的，而很多刻录机在销售时大多都配有刻录软件及简单的操作说明书，一些品牌的刻录机还附赠有空白的刻录光盘。虽然这些东西都可直接购买，但是有些商家将原本附赠的配件拿出来单独销售，所以在选购时一定要查看产品配件是否和清单中所列的配件相符。

● **售后服务**：刻录机一般都提供3个月包换、一年保修的服务承诺，甚至更长。刻录机比其他计算机相关产品的返修率稍高，且不同品牌的刻录机大多有各厂商的独特技术，需要送到特定代理商那里维护和修理。因此在选购时如果不考虑技术支持与技术咨询等售后服务，则会造成消费者在使用产品遇到困难后，不能寻求有效帮助，因此最好选择在刻录机专卖店或代理商的直销点处购买。

● **品牌**：刻录机的主要品牌有华硕、先锋、明基、建兴、浦科特等。

（四）认识刻录光盘

光盘是一种用光学方法读写数据的信息记录媒体，刻录光盘就是能够将数据写入到其中的光盘。其实所有光盘中的数据都可由刻录机刻录到其中，而通常所说的刻录光盘主要指出厂时其中没有任何数据，需要使用刻录机才能写入数据的光盘。

1. 主要特点

刻录光盘有如下一些特点。

● **容量大**：普通光盘的容量为700MB，而现在的蓝光DVD光盘最多可压缩上百GB的数据，非常适合大量数据的长期储存。

● **携带方便**：刻录光盘很薄且面积很小，不占太多的空间，非常便于携带。

● **性能稳定**：光盘采用光存储的方法存储数据，其性能比过去的磁存储稳定。

- **成本低**：刻录光盘可通过生产线批量生产，其成本比其他存储设备低。
- **使用寿命长**：正确的使用方法可使光盘的使用寿命达到100年左右，完全可满足一般用户的需求。

- **可重复擦写**：对于CD-RW、DVD-RW、DVD+RW等刻录光盘，它们可以反复刻录数据，其作用已经相当于移动硬盘，即节约了资金又修改了数据，一举两得。

2. 主要类型

从刻录的标准上看，刻录光盘分为DVD和蓝光两类，它们的主要区别是采用的刻录激光波长不同，DVD采用的是650nm波长的激光，而蓝光采用的是405nm波长的激光。刻录激光波长的差异直接决定了光盘的结构、制作工艺、容量大小等外在表现。

- **DVD-RAM刻录光盘**：在业界被定义为Re-Writable DVD（可重写式DVD），最大的特点就是可以像硬盘一样的反复擦写和使用；缺点是完全不兼容其他DVD技术，甚至是DVD影碟。DVD-RAM刻录光盘的成本也比较高，如图8-12所示。
- **DVD-R刻录光盘**：DVD-R刻录光盘与DVD的兼容性较好，因此比较常见。它也是目前兼容性最好的刻录光盘之一，可直接在DVD播放机中播放，对于影视作品的制作来说，相当方便，如图8-13所示。
- **DVD-RW刻录光盘**：DVD-RW光盘的优点是兼容性好，而且能够以DVD视频格式来保存数据，因此它能够在影碟机上进行播放。但是，它一个很大的缺点就是格式化需要花费一个半小时的时间，如图8-14所示。

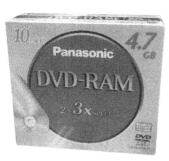

图8-12　DVD-RAM光盘　　　　图8-13　DVD-R光盘　　　　图8-14　DVD-RW光盘

- **DVD+R刻录光盘**：该碟片按照Pioneer（先锋）公司的DVD+R规格1.0版设计。当时设计存储能力仅为3.95GB。1999年年底，先锋发布DVD+R 规格2.0版，此时设计存储能力已达到4.7GB，如图8-15所示。

知识补充　DVD+R刻录光盘和DVD-R刻录光盘的区别在于以下几点：① 规格制定者不同；② 寻址方式不同（主要是由于结构上的差异所导致），DVD+R寻址要快些，更加适合刻录操作；③ 生产过程不同，DVD-R在成型后，需要用专用的预写机预写（大家经常听说的DVD-R的有线盘），DVD+R则不需要。

- **DVD+RW刻录光盘**：DVD+RW刻录光盘是目前唯一与现有的DVD播放器、DVD驱动器全部兼容的，也就是在计算机和娱乐应用领域的实时视频刻录和随即数据存储方面完全兼容的可重写格式刻录光盘。其单面容量为4.7GB，双面容量则高达9.4GB，和其他DVD刻录光盘相比，它具有DVD-RAM的易用性，而且提高了DVD-RW的兼容性，也是目前使用最多的DVD刻录光盘，如图8-16所示。

图8-15　DVD+R光盘

图8-16　DVD+RW光盘

知识补充

简单来说，在DVD刻录光盘中，DVD-R和DVD+R都是一次性的，DVD+RW/-RW和DVD-RAM是可复写的，其中DVD-RAM的寿命为10万次，DVD+RW/-RW则为1000次。如果刻录光盘是为了操作和使用，建议使用DVD-RAM或DVD-RW，为了保存则最好使用DVD+RW或DVD+R/-R。

● **BD-R刻录光盘**：BD-R（蓝光刻录光盘）是蓝光的单层刻录光盘，和CD-R、DVD-R、DVD+R相似，都是一次性刻录盘，其一张光盘上最少可存储25GB的文档文件，这是现有DVD光盘的5倍，如图8-17所示。

● **BD-RE刻录光盘**：BD-RE（蓝光可擦写刻录光盘）是蓝光最新的可擦写刻录光盘，提供了长久可靠的反复擦写与稳定的数据保存能力，如图8-18所示。

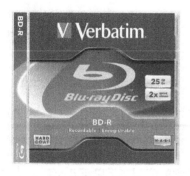

图8-17　BD-R光盘

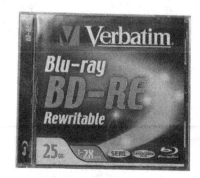

图8-18　BD-RE光盘

三、任务实施

（一）使用刻录机

刻录机的使用比较简单，先将刻录机连接到计算机中，然后通过计算机中的软件刻录数据光盘。

1. 连接刻录机

USB接口是目前刻录机最常见的接口，其安装较为简单，使用数据线连接计算机和刻录机即可，其具体操作如下。

STEP 1 将刻录机的USB连接线的通用USB插头端直接插入计算机的USB接口，如图8-19所示。

STEP 2 将USB连接线另一端的专用插头插在刻录机背后的USB插座上，再使用随机附件中的电源线插入刻录机背后的电源插口中，另一端插入电源插座，打开电源开关，如图8-20所示。

STEP 3 按刻录机正面的开仓键，弹出刻录机托盘，放入刻录光盘，如图8-21所示。再按开仓键，关闭刻录机托盘。

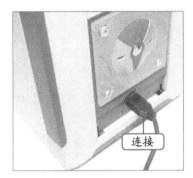 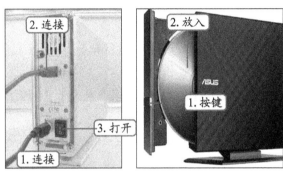

图8-19 连接计算机　　图8-20 连接刻录机　　图8-21 放入刻录光盘

2. 刻录数据

几乎所有的刻录软件及Windows XP自身都提供了数据刻录功能，下面使用Windows XP自带的功能刻录数据光盘，其具体操作如下。

STEP 1 将空白的刻录光盘放入刻录机中，系统将自动打开"CD驱动器"对话框，在其中的列表框中选择"打开可写入CD文件夹"选项，单击 确定 按钮，如图8-22所示。

STEP 2 打开"CD驱动器"窗口，通过复制粘贴或拖动的方法将要刻录的文件添加到窗口中，然后单击"CD写入任务"栏中的"将这些文件写入CD"超链接，如图8-23所示。

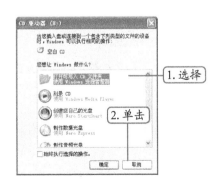 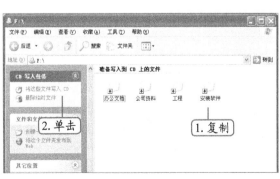

图8-22 选择操作　　　　　　图8-23 复制需要刻录的文件

STEP 3 在打开的"CD写入向导"对话框中的"CD名称"文本框中输入光盘的名称，如"数据光盘"，完成后单击 下一步(N)> 按钮，如图8-24所示。

STEP 4 系统开始刻录光盘，并显示刻录进度，此时需等待一段时间，刻录完成后，将打开如图8-25所示的对话框，单击 完成 按钮关闭对话框。

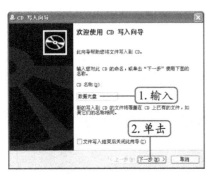

图8-24 开始刻录

图8-25 完成刻录

也可以使用专业的刻录软件进行光盘刻录，下面使用Nero刻录软件刻录数据光盘，其具体操作如下。

STEP 1 启动Nero，单击"数据"图标，在展开的选项中，单击"制作数据光盘"超链接，如图8-26所示。

STEP 2 在打开的"Nero Express"窗口中单击 添加(E)... 按钮，如图8-27所示。

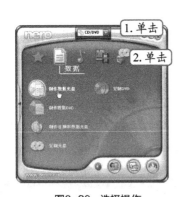

图8-26 选择操作

图8-27 打开刻录窗口

STEP 3 在打开的"添加文件和文件夹"窗口中的"位置"下拉列表框中选择文件存放位置，在下面的列表框中选择需要刻录的文件，单击 添加(A)(E)... 按钮，添加文件，然后单击 关闭(C)(D) 按钮关闭该对话框，如图8-28所示。

STEP 4 此时在"Nero Express"窗口中将显示添加的文件和文件夹。添加完毕后单击 下一步(N)> 按钮，如图8-29所示。

STEP 5 设置光盘的名称和刻录份数后，单击 刻录(A) 按钮，如图8-30所示。

STEP 6 系统将开始刻录数据光盘，并显示刻录的速度与进度，如图8-31所示。

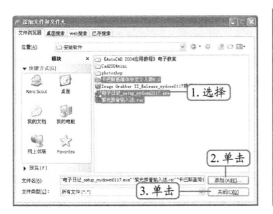
图8-28 添加刻录文件

图8-29 加入光盘内容

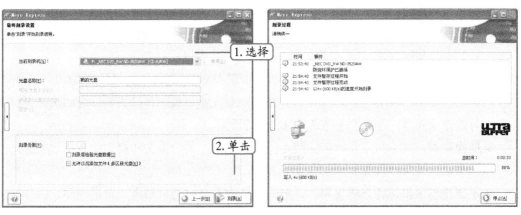

图8-30 刻录设置　　　　　　　　　图8-31 开始刻录

STEP 7 刻录完毕后将打开提示对话框提示刻录完成，单击 确定 按钮，如图8-32所示。

STEP 8 此时在打开的对话框中将提示是否要打印或保存，并显示刻录的数据，这里单击 下一步[B]> 按钮，然后关闭窗口，如图8-33所示。

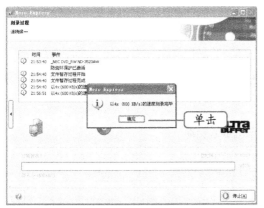

图8-32 完成刻录

图8-33 显示刻录数据

（二）刻录机的日常维护与保养

刻录机的日常维护与保养非常必要，只有这样才能保证刻录机的正常工作，提高光盘刻录的成功率。下面就讲讲刻录机日常维护与保养需要注意的几点。

- **防尘**：刻录机使用一段时间后激光头会沾上一些灰尘，这必然会造成刻录机的刻录能力下降，废盘及错误率上升。为了保护刻录机，一方面要保持环境的清洁，时常打扫计算机，另一方面在放入刻录光盘时要注意，对光盘进行必要的清洁处理，以防灰尘随光盘带入刻录机内部，刻录机中灰尘较多时，可以将其拆开用专用清洁液清洗激光头，但要注意一定要使用专用的清洁液，不能使用清水或其他有机溶剂代替，否则很可能损伤刻录机的激光头。

- **散热**：刻录机工作时的功率较大，并且由于刻录的时间相对较长，不可避免地会产生很大的发热量，刻录机过热势必影响内部的电气元件，所以应控制刻录机的工作时间，减少其发热量。

- **保证电源稳定**：在刻录的过程中，刻录机需要达到额定功率才能融化染色剂，并且刻录需要一个较长的时间，因此，保证平稳的电压和较大的电流是刻录能够正常进行的前提条件之一。

- **选择优质刻录光盘**：如果遇到刻录机不能识别刻录光盘，或者刻好的DVD刻录光盘无法在普通DVD播放机中播放，这都可能是光盘质量不佳造成的。应该选择质量较好的刻录光盘，这样才能提高光盘刻录的质量。

- **防撞防震**：刻录机工作时应该防止撞击和震动，因为撞击和震动的直接后果就是刻录失败，甚至导致刻录光头的损坏。

- **不要把刻录机当作光驱使用**：许多用户认为刻录机的价格高于普通光驱，因此其读盘性能也一定优于光驱，于是就将在光驱上不太好读的光盘全部放到刻录机中读取，其实这样做是不正确的。刻录机虽然同时具备读和写的功能，但读盘功能只是刻录机的一个附加功能，写功能才是刻录机最主要的功能，所以刻录机的读盘性能非常普通，甚至可能还比不上一般普通光驱的读盘性能，而且由于刻录机读盘和刻录使用的是同一个激光头，经常使用刻录机读游戏光盘、看DVD影片等会加速刻录机激光头的老化，降低刻录机的使用寿命。

（三）排除刻录机常见故障

一旦刻录机出现故障时，可以按照表8-4所示的方法进行解决，如果无法排除故障，再联系厂商售后服务。

表8-4　排除刻录机常见故障

故障现象	故障分析与排除
无法开机	请确保交流电源线牢固连接
	拔出电源线，然后重新连接，并再次启动刻录机
插入的光盘不可用，请插入兼容的光盘	插入了不兼容的光盘。请插入兼容的光盘
	不支持在其他视频设备上刻录的 DVD-RW 或 DVD+RW 光盘，清除数据重新刻录

故障现象	故障分析与排除
其他视频设备无法播放刻录的光盘	有些视频设备可能无法正常播放某些创建的光盘类型
	视频设备可能不支持光盘类型。检查视频设备是否支持光盘类型
	需要启用专门的播放器播放兼容的 DVD-RW 和 DVD-R 光盘
插入刻录光盘可听出短暂地转动声	是刻录机检查光盘并执行读取操作的声音。这并非故障
刻录机能识别，但是识别名是乱码	具体会乱码成什么样是随机的，当然这种情况下机器也无法正常使用。造成这种情况的一般是数据线损坏或者接口接触不良，更换数据线或者重新插拔下数据线就能解决
外置刻录机找不到硬件，或者显示连接一个未知的 USB 设备	USB 接口供电不足造成这个情况，需要使用外置电源
	部分 USB 连接线材质量不过关，最好使用刻录机原装的线材，
	外置设备的连接顺序导致，可以先连接电源，等刻录机自检完成（通常是 LED 灯熄灭），再接上 USB 线

实训一 移动硬盘分区

【实训要求】

移动硬盘的容量越来越大，为了使用的方便，最好对其进行分区，其分区方法与在计算机中对硬盘分区的方法相同。下面就对一个80GB的移动硬盘进行分区，使用Windows自带的分区工具进行。

【实训思路】

本实训首先连接移动硬盘，然后利用Windows自带的分区工具先分出一个38GB的主分区，然后将剩余空间分配为扩展分区。本实训的思路如图8-34所示。

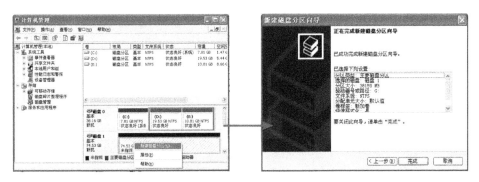

图8-34 移动硬盘分区思路

【步骤提示】

STEP 1 将移动硬盘连接到计算机，在"我的电脑"图标上单击鼠标右键，在弹出的快捷菜单中选择"管理"菜单命令，打开计算机管理界面。

STEP 2 在界面右栏中的"磁盘1"为新加入的移动硬盘，后面的"未指派"区域表示没有建立磁盘分区的空间，在未指派区域中单击鼠标右键，在弹出的快捷菜单中选择"新建磁盘分区"命令，打开分区向导对话框，单击 `下一步(N)>` 按钮。

STEP 3 在打开的对话框中设置创建的磁盘分区类型为主磁盘分区，单击 `下一步(N)>` 按钮。

STEP 4 在打开的对话框中指定分区大小，输入主分区大小为38GB，单击 `下一步(N)>` 按钮。

STEP 5 在打开的对话框中指定驱动器号，单击 `下一步(N)>` 按钮。

STEP 6 在打开的对话框中设置文件系统为NTFS，单击 `下一步(N)>` 按钮。

STEP 7 在打开的对话框中单击 `完成` 按钮，即可完成主分区的创建。

STEP 8 按照同样的方法将移动硬盘的剩余空间创建为扩展分区即可。

实训二　刻录DVD视频光盘

【实训要求】

DVD视频光盘即DVD-Video，是用于存储高质量的数码影音内容的DVD光盘。本实训将使用Nero把计算机中存储的视频文件刻录成DVD视频光盘，使其能通过影碟机直接播放。

【实训思路】

本实训需要先连接刻录机和计算机，然后打开Nero进行各种刻录设置，最后刻录光盘。本实训的思路如图8-35所示。

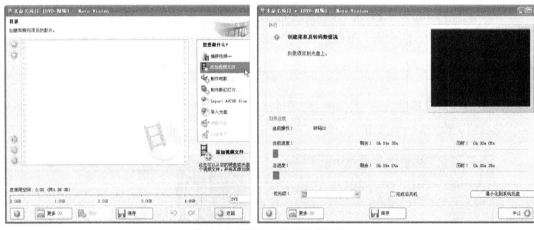

图8-35　刻录DVD视频光盘思路

【步骤提示】

STEP 1 启动Nero StartSmart，在打开的界面中单击"照片和视频"下面的"制作自己的DVD视频"超链接。

STEP 2 启动NeroVision，选择窗口右侧列表中的"添加视频文件"选项。

STEP 3 在打开的对话框中按住【Ctrl】键，同时选择3个需要编辑刻录的文件，然后单击 `打开(A)` 按钮。

STEP 4 添加视频文件后，在其中可以修改每个视频文件的名称，以及调整它们的先后顺序，完成后单击 `下一个` 按钮。

STEP 5 打开"选择菜单"对话框，在"页眉"文本框中输入光盘名称，然后单击 `编辑菜单...` 按钮。

STEP 6 打开"编辑菜单"对话框，选择一种菜单布局方式，将鼠标光标移动到"背景"选项上，在弹出的"背景属性"栏中单击 按钮。

STEP 7 在打开的"打开"对话框中选择需要的图像文件，并单击 `打开(A)` 按钮，被选中的图像被添加到"自定义画面"列表框中，选择其中一幅图像作为菜单的背景。

STEP 8 将鼠标光标移动到"按钮"选项上，在弹出的"按钮设置"栏中设置按钮的样式。

STEP 9 将鼠标光标移动到"字体"选项上，在弹出的"字体"栏中设置字体、字体的样式及字体的颜色。

STEP 10 将鼠标光标移动到"页眉/页角文本"选项上，在弹出的"菜单文字"栏中设置页眉和页角的文字。

STEP 11 将鼠标光标移动到"阴影"选项上，在弹出的"阴影"栏中设置文字阴影。

STEP 12 将鼠标光标移动到"自动"选项上，在弹出的"动画"栏中设置菜单动画的播放时间。

STEP 13 将鼠标光标移动到"交互颜色"选项上，在弹出的"交互颜色"栏中设置按钮在高亮显示和激活状态时的颜色。完成后单击 `下一个` 按钮。

STEP 14 在"选择菜单"窗口中单击 `下一个` 按钮打开"预览"窗口，预览整个DVD光盘的效果。满意后单击 `下一个` 按钮。

STEP 15 在打开的"刻录选项"对话框中选择刻录时使用的刻录机，然后单击 `刻录` 按钮。系统开始生成菜单、转换文件格式并进行刻录。刻录后的DVD光盘就可以在DVD影碟机上或计算机中播放了。

常见疑难解析

问：小公司应该选购U盘还是移动硬盘呢？

答：在购买移动存储设备时，应根据需要进行购买，如果经常外出，而且每次复制的文件都不是很大，则可以考虑购买U盘；如果是公司单位经常复制办公软件或一些大型的文件，则最好选购移动硬盘。

问：普通公司应该选购内置还是外置的刻录机呢？

答：内置刻录机性价比较高，外置刻录机移动性能较强，更适合移动办公。

拓展知识

1. 云存储U盘

云存储是近些年来计算机领域最热门的话题，云概念也逐渐深入到人们生活的方方面面，云电视、云手机、具有云存储功能的计算机也都出现在市场上。云存储的概念与云计算类似，它是指通过集群应用、网络技术或分布式文件系统等功能，将网络中大量各种不同类型的存储设备通过应用软件集合起来协同工作，共同对外提供数据存储和业务访问功能的一个系统。云存储U盘最大的特点就是在U盘本身存储的基础上，又多了一个与之相连的网络云存储空间。云存储U盘即可以当普通的U盘使用，又可以自动备份文件，使文件在各种设备间同步，更具有加密功能。

2. 光盘刻录的原则

在进行光盘刻录时，为了降低刻录失败的机率，节省刻录的成本，还应该了解一些光盘刻录的基本原则。

- **集中数据并一次性写入**：没有将刻录的源文件全部集中，那么刻录机就会花费很长的时间来从硬盘的各个位置读取需刻录的数据，就会使刻录机缓存无法及时得到刻录数据，就容易发生读取数据超时的现象，这样就很可能导致刻录操作失败。

- **模拟测试后再进行刻录**：在直接写入数据时十分容易发生读数据超时或速度无法跟上的故障，从而会导致直接刻录的光盘报废。建议在正式刻录数据之前，先对刻录环境进行一次模拟测试，在测试过程中，一旦遇到速度无法跟上或读取数据超时的现象发生，就应该再次检查设置、清空硬盘空间、降低刻录速度，然后重新进行刻录测试直到操作成功为止。

- **控制刻录机的工作时间**：进行光盘刻录时，激光头一定要达到足够大的功率才能够将空白光盘中的材料直接熔化，从而完成刻录操作。但如果刻录机持续工作的时间比较长，刻录机内部的工作温度可能会很高，在这种状态下，空白光盘就很容易被错误地刻录，甚至损坏刻录机。

- **使用RW刻录光盘练习**：在进行光盘刻录之前，为了保证刻录的高成功率，可以先将待刻录的内容直接刻录到可擦写的刻录光盘中（如CD-RW或DVD-/+RW），以便测试一下刻录设置、当前的刻录环境等是否正常。如果无法正常刻录，或者出现刻录失败的情况，不但不会损坏刻录光盘，而且还能根据刻录过程中出现的错误提示来进一步优化刻录设置，进一步改善刻录环境，等到刻录测试成功后，再将待刻录的内容正式刻录到一次性刻录光盘中（如CD-R或DVD-/+R），这样就能保证光盘刻录的高成功率。

课后练习

（1）利用移动硬盘复制高清视频文件。

（2）使用刻录机将高清视频文件刻录为BD光盘。

（3）使用刻录机刻录数据资料。

项目九
办公安防设备

情景导入

小白：秀姐，我们的考勤机好像坏了，早上来都用不了。

阿秀：是不是昨天打雷停电造成的，早就让采购部买几台UPS，他们一直没有买。

小白：UPS是什么东西？

阿秀：UPS就是不间断电源，这么说吧，它就像一块备用电池，一旦出现停电，它会自动维持各种电器一段时间的供电。

小白：那这个UPS的用处可真大。

阿秀：对了，上次叫你学习一下考勤机的日常维护和保养，你学会了吗？

小白：还没有呢，刚准备学，这不就坏了。

阿秀：那好，今天我就给你讲讲这些安全防护设备的相关知识。

学习目标

● 认识常见的办公安防设备
● 熟悉办公安防设备的各种性能参数
● 熟悉办公安防设备的选购技巧
● 熟悉办公安防设备的常用操作

技能目标

● 掌握选购办公安防设备的方法
● 掌握使用办公安防设备的方法
● 掌握维护办公安防设备的方法

任务一 使用与维护UPS

UPS（Uninterruptible Power System/Uninterruptible Power Supply，即不间断电源）是将蓄电池（多为铅酸免维护蓄电池）与主机相连接，通过主机逆变器等模块电路将直流电转换成市电的系统设备。主要用于给单台计算机、计算机网络系统或其他电力电子设备提供稳定、不间断的电力供应。下面具体介绍其使用和维护方法。

一、任务目标

本任务将认识常见的UPS，然后学习选购、使用、维护UPS的相关知识。通过本任务的学习，可以掌握UPS的基本操作，同时对选购和维护UPS有一个基本的了解，并能排除UPS的常见故障。

二、相关知识

（一）认识UPS

当市电输入正常时，UPS将市电稳压后供应给负载使用，此时的UPS就是一台交流市电稳压器，同时它还向机内（或外部连接）电池充电；当市电中断（事故停电）时，UPS立即将电池的直流电能，通过逆变零切换转换的方法向负载继续供应220V交流电，使负载维持正常工作并保护负载软、硬件不受损坏。

1. 应用领域

不间断电源现已广泛应用于：矿山、航天、工业、通信、国防、医院、计算机业务终端、网络服务器、网络设备、数据存储设备、应急照明系统、铁路、航运、交通、电厂、变电站、核电站、消防安全报警系统、无线通信系统、程控交换机、移动通信、太阳能储存能量转换设备、控制设备及其紧急保护系统、个人计算机等领域。

2. 类型

UPS的分类方式较多，对于办公用户，常见的分为标准型和长效型两种。

- **标准型**：UPS主机内带有电池组，在停电后可以维持较短时间的供电（一般不超过25min）。
- **长效型**：UPS主机内不带电池，但增加了充电器，用户可以根据自身需要配接多组电池以延长供电时间，厂商在设计时会加大充电器容量或加装并联的充电器。

知识补充

UPS最常用的分类方式是根据其工作原理分为后备式、在线式及在线互动式3种。个人家庭用户适用小功率的后备式UPS，在线式UPS比较适用于计算机、交通、银行、证券、通信、医疗、工业控制等行业，在线互动式UPS最先进，用户可直接从计算机屏幕上监控电源及UPS状况。

3. 外部结构

UPS的外部结构主要有正面的控制面板和背面组成，下面以山特CIKS长效型UPS为例进行讲解，其外部结构如图9-1所示，各部分名称和功能见表9-1。

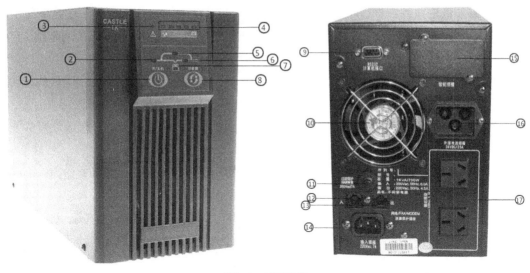

图9-1　UPS外观

表 9-1　UPS 各主要部件

号码	名称	功能
①	开 / 关机键	按下开机；当 UPS 处于市电模式或电池模式时，按键 1s 以上即可关机
②	市电指示灯	此灯亮市电输入正常
③	故障指示灯	此灯亮表示 UPS 发生异常状况
④	负载 / 电池容量指示灯	市电模式 / 旁路模式下仅表示负载容量；电池模式下仅表示电池容量
⑤	旁路指示灯	此灯亮表示负载电力直接由市电提供
⑥	逆变指示灯	此灯亮表示市电或电池经逆变输出后为负载供电
⑦	电池指示灯	此灯亮表示电池电能为负载供电
⑧	功能键	在市电模式下，按功能键 2s 以上可启动电池自检，执行电池自操作
		按功能键 2s 可消除电池模式下的告警声，再持续按功能键 2s 以上，告警恢复
⑨	计算机接口（RS-232）	通过通信电缆连接 UPS 与监控设备（计算机）
⑩	散热风扇	为 UPS 散热
⑪	过流保护按键	当电流超过设定电流时候，设备自动断电，按键重置
⑫	通信网络浪涌保护插座	输入接口，用于连接电话线及网络
⑬	通信网络浪涌保护插座	输出接口，用于连接需要保护的设备
⑭	输入插座	连接市电
⑮	智能插槽	可选装 AS400 卡、SNMP 卡、CMC 卡任意一种监控卡
⑯	外接电池插座	连接外部电池
⑰	输出插座	连接负载

（二）UPS的主要性能指标

UPS的主要性能指标有以下几种。

- **输入电压范围**：即保证UPS不转入电池逆变供电的市电电压范围。在此电压范围内，逆变器（负载）电流由市电提供，而不是电池提供。输入电压范围越宽，UPS电池放电的可能性越小，故电池的寿命就相对延长。
- **输入功率因数**：指UPS输入端的功率因数。输入功率因数越高，UPS所吸收的无功功率越小，因而对市电电网的干扰就越小。一般UPS只能达到0.9左右。
- **输出功率因数**：指UPS输出端的功率因数。如果有非计算机负载，越大则带载能力越强。一般UPS为0.8左右。
- **切换时间**：由于计算机开关电源，在10ms的间隔时间能保证计算机的输出，因此一般要求UPS切换时间小于10ms，对于在线UPS切换时间为0。
- **输出电压稳定度**：指UPS输出电压的稳定程度。输出电压稳定程度越高，UPS输出电压的波动范围越小，也就是电压精度越高。大部分UPS的电压稳定度小于5%。
- **负载峰值因数**：指UPS输出所能达到的峰值电流与平均电流之比。一般峰值因数越高，UPS所能承受的负载冲击电流越大。
- **电池管理水平**：由于电池在UPS整机成本所占比重较大，而且电池故障在UPS故障率中也占70%以上，所以电池管理水平的高低直接关系到UPS的使用。

知识补充

把电能转换成其他形式的能的装置叫做负载。电动机能把电能转换成机械能，电灯泡能把电能转换成热能和光能，扬声器能把电能转换成声能，计算机能把电能转换成光能和声能。电动机、电阻、电灯泡、扬声器、计算机等都叫做负载。

（三）选购UPS

选购UPS除了注意前面介绍的性能指标外，还有以下注意事项。

- **稳定性**：因为UPS是起保障作用的，因此它自身的稳定性更为重中之重。所以，当用户选购UPS产品的时候，首先考虑UPS产品的质量，它才是选用产品的第一要则。
- **类型**：在线式UPS的输出稳定度和瞬间响应能力比另外两种强。对一些较精密的设备、较重要的设备要采用在线式UPS。在一些市电波动范围比较大的地区，避免使用互动式和后备式。如果要使用发电机配短延时UPS，推荐用在线式UPS。
- **服务能力**：用户在使用UPS时可能遇到种种问题，但缺乏这方面的专业人员，所以，优质的服务体系和主动的服务态度也是选购UPS时必须考虑的一个重要因素。
- **品牌**：主流的品牌有山特、APC、艾默生、摩图、科士达、科华、伊顿和四通等。

三、任务实施

（一）使用UPS

UPS的使用比较简单，首先连接各种连线，然后启动电源即可，其具体操作如下。

STEP 1 拆开UPS包装，将UPS放置在市电输入插座附近，市电输入线一端已与UPS相连，另一端接市电插座即可，如图9-2所示。

STEP 2 将负载电源线插入UPS输出插座，如图9-3所示。

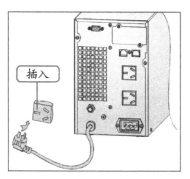

图9-2　连接市电

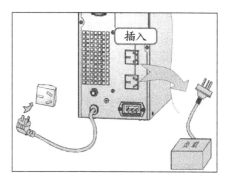

图9-3　连接负载

STEP 3 取出长效型UPS附件中的电池连接线，该线一端为插头用以连接UPS，另一端为开放式3根线用以连接电池组，电池连接线先接电池端（切不可先接UPS端，否则会有电击危险），红线接电池正极"+"，黑线接电池负极"-"，黄绿双色线接保护地，将电池连接线插头插入UPS后面板上的外接电池插座，如图9-4所示。

STEP 4 通过RS-232通信电缆连接UPS与监控设备，如图9-5所示。

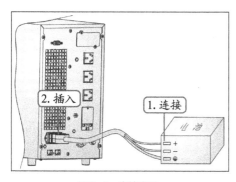

图9-4　连接电池

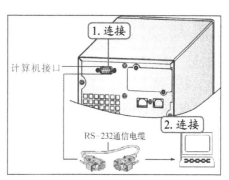

图9-5　连接监控设备

STEP 5 持续按开/关机键1s以上，UPS进行开机。开机时UPS会进行自检。此时，面板上负载/电池容量指示灯会全亮，然后从左到右逐一熄灭，几秒钟后逆变指示灯亮，UPS已处于市电模式下运行。若市电异常，UPS将工作在电池模式下。

操作提示

虽然电池在出厂时已充满电，但经过运输、存储，电量会有所损失，建议在第一次使用UPS前应先对电池充电10h，已保证有足够的备用时间。

（二）UPS的日常维护与保养

UPS的日常维护与保养主要包括主机的安装放置、现场维护、电池的维护3个方面。

1. 安装放置

UPS主机的安装放置对于其正常的使用非常重要，包括以下几点注意事项。

● 放置UPS的区域需有良好通风，远离水、可燃性气体、腐蚀剂等危险物品，安装环境应符合产品规格要求。

● 不宜侧放，保持前面板进风孔、后盖板出风口、箱体侧面出风孔通畅。

● 机器若在低温下拆装使用，可能会有水滴凝结现象，一定要等到机器内外完全干燥后才可安装使用，否则有电击危险。

2. 现场维护

每次现场维护时，均应对UPS进行常规功能检查，主要包括以下几个方面。

● **检查UPS的工作状况**：如市电正常，UPS应工作在市电模式；如市电异常，UPS应工作在电池模式。且两种工作状态下均无故障显示。

● **检查UPS的运行模式切换**：断开市电输入模拟市电掉电，UPS应切换到电池供电模式并正常运行；然后再接通市电输入，UPS应切换回市电模式并正常工作。

● **检查UPS的指示灯显示**：以上两项检查过程中，检查UPS的指示灯显示是否与其实际运行模式一致。

3. 电池维护

电池是UPS系统的重要组成部分，电池的寿命取决于环境温度和放电次数，高温下使用或深度放电都会缩短电池的使用寿命。

● 标准型内置电池通常为密封式免维护铅酸蓄电池，UPS在同市电连接时，不管开机与否，始终向电池充电，并提供过充、过放保护功能。

● 电池使用应尽量保持环境温度为15℃~25℃。

● 若长期不使用UPS，建议每隔3个月充电一次。

● 正常使用时，电池每4~6个月充、放电一次，放电至关机后充电。在高温地区使用时，电池每隔两个月充、放电一次，标准型UPS每次充电时间不得少于10h。

● 电池不宜个别更换。更换时应遵守电池供应商的指示。

● 正常情况下，电池使用寿命为3~5年，如果发现状况不佳，则必须提早更换，电池更换必须由专业人员操作。

（三）排除UPS常见故障

UPS出现故障最好由专业人员排除，一些简单故障现象和解决办法见表9-2。

表9-2 排除 UPS 常见故障

故障现象	故障分析与排除
故障指示灯亮，蜂鸣器长鸣	内部过热而关闭。确保 UPS 未过载，通风口没有堵塞，室内温度未过高，等待 10min 让 UPS 冷却，然后重新启动，如失败，请联系产品售后
市电指示灯闪烁	市电电压或频率超出 UPS 输入范围。此时 UPS 正工作于电池模式，保存数据并关闭应用程序，确保市电处于 UPS 所允许的输入电压或频率范围
	市电零、火线接反。重新连接使市电零、火线正确连接
市电正常，不入市电	UPS 输入断路器断开。手动使断路器复位

故障现象	故障分析与排除
电池放电时间短	电池充电不足。保持 UPS 持续接通市电 10 h 以上，让电池重新充电
	UPS 过载。检查负载水平并移去非关键性设备
	电池老化，容量下降。更换电池，请同您的供应商联系，以获得电池及其组件
开机键按下后，UPS 不能启动	按开机键时间太短。按开机键持续 1s 以上，启动 UPS
	UPS 没有接电池或电池电压低并带载开机。连接好 UPS 电池，若电池电压低，先行关电后再空载开机
	UPS 内部发生故障。请联系产品售后

任务二　使用与维护考勤机

通常所说的考勤机就是单位或企业用来记录员工上下班情况的专业设备，过去也叫做打卡机。下面具体介绍其使用和维护方法。

一、任务目标

本任务将认识常见的考勤机，然后学习选购、使用、维护考勤机的相关知识。通过本任务的学习，可以掌握考勤机的基本操作，同时对选购和维护考勤机有一个基本的了解，并能排除考勤机的常见故障。

二、相关知识

（一）认识考勤机

考勤机不仅能记录员工的工作情况，也能起到记录外来人员信息，保证安全的办公环境的作用。对于很多企业来说，考勤机是一款非常重要的现代化办公管理设备。

1. 主要类型

考勤机的类型很多，通常按照记录信息的方式不同分为以下几种类型。

● **插卡式**：这是一种在一个金属制成的卡片上有规律的打上孔，然后用感光元件和光投影区别员工编号的考勤机类型，如图9-6所示。

● **磁卡式**：是一种通过读取卡片中芯片的信息进行考勤的类型，又有磁卡、IC卡、感应卡等类型，特别是感应卡考勤机，同类型卡片在公共交通或大学校园等公众场合已经广泛应用。图9-7所示为一款感应卡考勤机。

● **指纹式**：是一种通过员工指纹信息进行考勤的类型，使用触摸技术，使得无缝隙外壳的实现成为可能，使用时没有灰尘对电路板的损害，考勤机运行更稳定，性能更出色，是目前的主流类型。

● **人脸识别式**：是一种通过员工脸部信息进行考勤的类型，把人脸识别和考勤系统结合，并且通过人脸识别作为考勤管理的要素之一。这种考勤机性价比很高，功能强大，即将成为未来考勤机的主要类型。

图9-6　插卡式考勤机

图9-7　感应卡考勤机

2. 主要功能

除了能实时统计员工的上下班、加班、迟到、早退、请假、缺勤等相关出勤信息外，考勤机还具有以下一些功能。

- **自动扣款统计**：根据出勤情况及考勤设置，能自动统计所有员工某时间范围内的出勤应扣款额，方便了薪资计算。
- **异常事项处理**：对因公事耽误打卡的人员可进行补卡处理，对请假员工可进行请假处理，对某人员班次的时间变动可进行工时调整处理，月底自动计算请假天数。
- **灵活的打卡限制**：可灵活设置各班次的上下班有效打卡时间，杜绝员工随意打卡，使管理更方便、合理，员工有组织、有纪律。
- **自动判断上下班卡**：系统根据设置情况自动判断员工的打卡数据是上班卡还是下班卡，无需人为干预。

3. 主要结构

考勤机的结构布局都类似，主要结构都集中在机器前面板上，下面以艾迪沃德FK524指纹型考勤机为例，如图9-8所示。

图9-8　考勤机主要结构

（二）选购考勤机

目前，市面上考勤机的种类多种多样，价位也高低不一，下面就类型和功能方面谈谈如何正确选购考勤机。

● **类型**：不同类型的考勤机的优缺点不同，适用的环境也不同，见表9-3。

表9-3　考勤机种类及特点

类型	优点	缺点	适用范围
插卡式	简单直观，无需计算机知识，价格相对较低	统计繁琐，每月更换卡片，机械故障率较高	100人以下且环境较好的单位
磁卡式	可利用计算机统计考勤数据	磁卡与磁头易损（也许有更可靠的磁卡设备）	适用人群一般在500人以下
IC卡式	与磁卡大致相同	IC卡插口是易损之处	适用人数300人以上
感应卡式	非接触读卡，卡片无磨损，无错码	卡片成本偏高，解决不了"代打卡"问题	适用人数300人以上
指纹式	无需卡片，解决代打卡问题	要求人员素质较好，指纹要求清洁，稳定性有待提高	使用人数一般（300人以下）
人脸识别	无需卡片，性价比高	精度还需提高，存在误差	任意

● **考勤软件**：通常考勤机都会自带简易的考勤软件，选择易用、稳定、实用的软件。
● **品牌**：考勤系统的成败一半是要寄托在为用户提供产品的公司身上。在要求的期限内有能力提供售后服务即可。目前主流的品牌有中控、科密、汉王、浩顺等。

三、任务实施

（一）使用考勤机

考勤机的使用比较简单，安装和设置过程通常都由产品厂商负责，平常的操作只需要启动和进行考勤即可。下面介绍一下常用的指纹考勤机正确按指纹的方法。

● 指纹设备可采集用户的任意一个手指，不限定哪个手指，不过从使用习惯和操作的便利性来看，拇指、中指、食指容易采集到比较清晰的指纹图像，应用表现比较好，而小指和无名指就差一些，所以本设备建议大家使用食指。
● 基本的使用原则是在采集和验证时，尽量保持手指具有一定的温度和湿度。这一点在登记指纹时尤其重要。
● 注册指纹时先观察一下要注册手指的指纹纹心的位置，按压时使指纹纹心尽量对正采集窗口的中心，使手指尽量平放，稍微用力按压，按压时不要移动，按LCD显示的提示内容操作。注册时越严使用时越宽松。注册完成后最好验证几次。

知识补充　　在登记和验证时，手指难使用的原因多数是由于气候或其他原因可能造成使用者的手指干、冷，指纹图像品质不够，无法采集到有效的指纹图像或者采集到的指纹图像提取不到足够的特征点。

图9-9所示为正确的按指纹的方法。

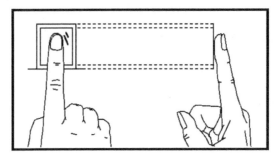

图9-9　正确的按指纹方法

图9-10所示为常见的错误按指纹的方法。

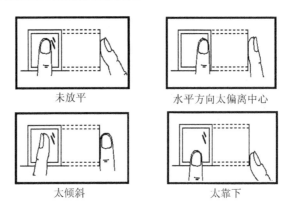

未放平　　　　　　水平方向太偏离中心

太倾斜　　　　　　　太靠下

图9-10　错误的按指纹方法

（二）考勤机的日常维护与保养

现在最常用的考勤机主要是感应卡和指纹两种，日常维护与保养的方法如下。

1. 感应卡

感应卡的维护主要是针对其感应设备，主要有以下几点。

● 使用时要按秩序依次通过考勤区，避免多人一起通过考勤区造成混乱、漏识、相互干扰。

● 通过考勤设备时请稍做停顿，尽量将卡片靠近考勤机，但不要触碰考勤机。

● 不要用灯头、灯帽触碰考勤机。

● 不要携带金属物品通过考勤区，以免造成干扰。

● 不要恶意破坏考勤设备。

2. 指纹式

指纹式考勤机的日常维护与保养主要有以下几点。

● 避免指纹设备工作在恶劣环境，如日晒、雨淋、强磁强电环境下。

● 严禁金属物、导电物质接触或者靠近传感器指纹录入窗口的表面，以防物理伤害。

● 尽量避免尖锐的金属物对传感器表面的撞击。

● 保持环境卫生，避免在指纹采集设备上堆积大量灰尘。

● 在采集指纹时，请保证手指的湿润度与干净程序。

（三）排除考勤机常见故障

考勤机同样会出现各种问题，表9-4为考勤机常见故障的排除方法。

表9-4 排除考勤机常见故障

故障现象	故障分析与排除
不能开机	电源适配器损坏。更换电源适配器
	开关机键坏。更换按键
指纹无法通过验证考勤	指纹太干。可以对着手指哈一下气，或其他湿润手指的方法
	指纹太湿。擦干手指
	采集器长期使用造成背光亮度降低。在设置主菜单选择系统设置，并选择亮度调节
	手指上指纹被磨平或褶皱太多，经常变化或脱皮严重。可将该指纹删除再重新登记另一枚手指，或者多注册几枚备份手指

任务三 使用与维护摄像头

摄像头作为一种视频输入设备，被广泛的运用于视频会议、远程医疗及实时监控等方面。普通用户也可以彼此通过摄像头在网络进行有影像、有声音的交谈和沟通。下面具体介绍其使用和维护方法。

一、任务目标

本任务将认识摄像头，然后学习选购、使用、维护摄像头的相关知识。通过本任务的学习，可以掌握摄像头的基本操作，同时对选购和维护摄像头有一个基本的了解，并能排除摄像头的常见故障。

二、相关知识

（一）认识摄像头

摄像头的工作原理大致为景物通过镜头生成的光学图像投射到图像传感器表面上，然后转为电信号，经过模数转换后变为数字图像信号，再送到数字信号处理芯片中加工处理，再通过USB接口传输到计算机中处理，通过显示器就可以看到图像了。

1. 主要类型

摄像头分为数字摄像头和模拟摄像头两大类。

- **数字摄像头**：可以直接捕捉影像，然后通过串、并口或者USB接口传到计算机中。现在计算机市场上的摄像头基本以数字摄像头为主。而数字摄像头又分为高清和无线两种，如图9-11所示。
- **模拟摄像头**：模拟摄像头捕捉到的视频信号必须经过摄像头特定的视频捕捉卡将模拟信号转换成数字模式，压缩后才可以转换到计算机中使用，这种摄像机多用在专业领域，如交通、银行、公共设施的监控系统，如图9-12所示。

图9-11 数字摄像头　　　　　图9-12 模拟摄像头

2. 主要结构

摄像头的结构比较简单，下面以HP 2100网络摄像头为例，其结构如图9-13所示，其各部分名称见表9-5。

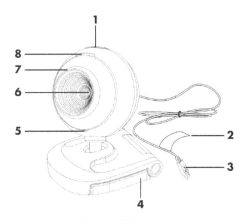

图9-13 摄像头外观

表 9-5 摄像头结构

号码	名称	号码	名称	号码	名称	号码	名称
1	快门按钮	3	USB 插头	5	内置麦克风	7	固定的聚焦环
2	产品号和序列号	4	可调式卡夹	6	摄像机镜头	8	状态指示灯

（二）摄像头的主要性能指标

通常情况下，在摄像头产品外包装盒上可以看到一系列的技术参数，其中主要表现摄像头性能的有如下几点。

● **感光器**：一般的摄像头可分为两类，一是CCD，二是CMOS，CCD成像水平和质量要高于CMOS，但价格要高一些。

● **像素**：像素值也是区分一款摄像头好坏的重要因素，现在市面主流产品多在30万像素值左右，在这么大像素的支持下，摄像头工作时的分辨率为640×480。

● **成像速度**：摄像头用于网络聊天，所以成像速度快也很重要，而成像速度取决于摄像头的整体配置，所以不单镜头，摄像头其他元件的配置也决定了摄像头的好坏。

● **帧数**：帧数就是在1s时间里传输图片的帧数，通常用fps表示，值越大越好。

● **调焦功能不可缺**：和傻瓜相机一样，摄像头采用的是超焦距，景深大但微距时应手动调焦。因此，有时候需要手动调节摄像头的焦距才能得到最清晰的图像。

● **其他**：一些图像效果校正和增强程序也很实用，例如，调节摄像头的色彩饱和度、对比度、边缘增强、伽马值等，调节合适有时候可以使拍摄效果得到很大改善。

（三）选购摄像头

摄像头的选购没有什么技巧，但要避免进入以下几个误区。

● **并不是像素越高越好**：摄像头的图像是否清晰，不能只看像素，还与镜头材质、软件处理等其他因素有关。

● **并不是CCD一定比CMOS好**：常见的摄像头则多用价格相对低廉的CMOS为传感器。传感器是CCD，不过实际的使用效果与"COMS摄像头"相比并没有绝对的优势，甚至在清晰度方面还稍有不及。

● **镜头也重要**：摄像头的镜头一般是由玻璃镜片或者塑料镜片组成的。玻璃镜片不但比塑料镜片成本贵，在透光性及成像质量上也都有较大优势。因此购买摄像头时，一定不要一味的贪图便宜，还是尽量选择玻璃镜片的摄像头为好。

三、任务实施

（一）使用摄像头

摄像头的使用主要有两种方式：视频交流和录制视频，下面分别进行讲解。

1. 视频交流

视频交流除了要安装摄像头外，还需要软件的支持，最常用到的视频交流软件就是QQ，下面就利用QQ进行视频交流，其具体操作如下。

STEP 1 将摄像头USB插头插入计算机的USB接口，固定摄像头，如图9-14所示。

STEP 2 在计算机中启动QQ软件，找到需要视频交流的好友，打开其对话窗口，单击左上角的摄像头图标，在弹出的菜单中选择"开始视频通话"命令，如图9-15所示。

图9-14 固定摄像头

图9-15 选择操作

STEP 3 此时好友对话窗口中将在右侧弹出视频请求栏，单击 接听 按钮，如图9-16所示。

STEP 4 QQ将打开视频交流窗口，逐步显示双方的视频图像，如图9-17所示，窗口显示的是对方的视频图像，窗口右下角显示的是自己的视频图像。

图9-16 接受视频邀请　　　　　　　　　　　图9-17 开始视频交流

知识补充　很多摄像头的安装光盘中都附赠了一些视频软件，如HP的ArcSoft Webcam Companion，这些软件安装到计算机中都能进行视频交流的操作。如果要录制视频，则需要ArcSoft Webcam Companion或屏幕录像专家等软件。

2. 录制视频

使用摄像头进行安防监控通常需要录制视频，这种操作需要比较专业的视频录制软件，下面以ArcSoft Webcam Companion为例，其具体操作如下。

STEP 1 首先连接摄像头，然后安装并启动ArcSoft Webcam Companion，其主界面窗口如图9-18所示。

STEP 2 单击"捕获"按钮，进入视频录制窗口，单击"捕获文件"选项卡图标，单击右下角的"录制视频"按钮，即可开始录制视频，如图9-19所示。

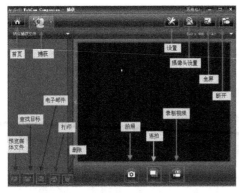

图9-18 主界面　　　　　　　　　　　　　图9-19 录制视频

操作提示　在进行视频录制时，单击"录制视频"按钮，可结束录制，并将视频保存到计算机中。

（二）摄像头的日常维护与保养

现在用于制作摄像头的材料比较特殊，所以其使用寿命比其他电子产品的要短，只要懂得日常保养，那么使用寿命也会适当延长。下面就对摄像头日常维护与保养的相关知识进行讲解。

● **严禁直接触摸**：为了提高摄像头成像效果，生产厂家往往会在它的表面涂上一层特殊的光学膜，以便对环境光线进行高效接收，但这种光学保护层一旦受到手的触摸，会在其表面留下细微的手印或者污迹，而这种手印或者污迹会直接影响摄像头高效吸收环境光线，从而降低它的成像效果。因此，不能去直接触摸摄像头表面，否则的话不但会把它的光学保护层损坏，而且还会导致视频互动交流效果下降。

● **酒精擦拭镜头**：如果摄像头没有防尘盖，使用一段时间之后镜头表面就会粘上许多灰尘或者是毛屑，这样就会造成拍出来的图像效果模糊。这时可以使用酒精擦拭镜头的办法来使镜头恢复洁净，这样视频效果也就会恢复清晰。

● **防尘**：考虑到摄像头在工作过程中会直接暴露于空气中，灰尘对于摄像头的损伤很大。因此，为了避免摄像头远离灰尘的侵袭，一定要在不使用时用盖子将摄像头保护好，或者为摄像头安装防尘罩。

● **防水**：多数摄像头是不防水的，一但进水就很容易把内部的零件烧坏。

● **防撞防震**：碰撞容易把摄像头的一些零件或者是线路给碰松或者是碰坏，这样也往往会使镜头报废。

（三）排除摄像头常见故障

一旦摄像头出现故障时，可以按照表9-6所示的方法进行解决，如果无法排除故障，再联系厂商售后服务。

表9-6　排除摄像头常见故障

故障现象	故障分析与排除
视频出现急速抖动现象	有很多因素都会影响视频质量，其中包括照明条件、计算机处理器频率和内存，以及网络连接速度等。如果出现视频极速抖动现象，可以试试设置较低的分辨率
计算机检测不到摄像头	检查操作系统、BIOS 设置、USB 接口，检查是否存在驱动程序安装错误
显示图像出现颜色偏差	调整视频捕捉程序中与颜色相关的设置；或者更改 PCI/VGA Palette Snoop 相关设置
在使用摄像头时花屏	检查驱动程序安装和可能的冲突设备

实训一　排除考勤机无法连接计算机故障

【实训要求】

本实训将排除考勤机无法连接计算机的故障，通过实训进一步学习考勤机的相关知识。

【实训思路】

本实训首先了解考勤机的几种通信方式，然后按照不同的方法排除故障。图9-20所示为出现故障时，计算机中的提示对话框。

图9-20 考勤机无法连接计算机故障

【步骤提示】

STEP 1 首先要了解考勤机的几种通信方式。

● RS-232：接线是三针2、3、5针，最大通信距离是15m。

● RS-485：接线是两针6、8针通信最大距离是1200m，多采用RS-485转换。

● TCP/IP：网络转换器（接线是点对点），过去很少采用，现在的主流方式。

STEP 2 检查考勤机和计算机之间的接口线有没有插好。

STEP 3 如果是USB转RS-232线，有可能是该线驱动没有装好。

STEP 4 考勤机的机号、波特率和考勤软件中不一致。

STEP 5 考勤机没有开机。

STEP 6 考勤机菜单中设置的是TCP通信，实际却为串口通讯。

STEP 7 考勤机的通信芯片损坏。

STEP 8 计算机串口选择错误，或串口坏（对没有的串口或坏的串口，搜索不到非常快就有提示；串口工作正常时要等很久才有搜不到的提示）。

STEP 9 考勤软件中设备类型和实际考勤机不一致。

实训二 使用QQ录制视频

【实训要求】

QQ软件也能录制视频，本实训将使用QQ软件，通过摄像头录制视频。

【实训思路】

本实训需要两台安装了QQ软件并连接网络的计算机，其中一台计算机中安装了摄像头，然后通过QQ软件录制视频。本实训的思路如图9-21所示。

【步骤提示】

STEP 1 启动计算机，连接好摄像头，未连接摄像头的计算机（以下简称A）向连接了摄像头的计算机（以下简称B）发出视频对话请求，B接受请求，在A的视频窗口即可看到摄像头拍摄的视频画面。

图9-21　使用QQ录制视频思路

在A打开的对话窗口中单击"视频剪辑"按钮 ，在弹出的菜单中选择"录制视频动画"命令。

STEP 3 在计算机桌面左上角将显示视频录制提示菜单，提示双击视频画面，开始录制。

STEP 4 在A打开的视频窗口上双击鼠标，开始录制视频，在10s后，自动完成录制。

常见疑难解析

问：怎么加长QQ录制视频动画时间？

答：不能，只有两个选择，录10s（画面差）和录制6s（画质稍好）。如果要录制时间较长的视频，可以使用屏幕录像专家等专业视频录制软件。

问：使用摄像头录制视频太费硬盘空间了，有没有可以设置固定的点，然后通过物体的移动进行视频录制的技术？

答：有这种技术，目前市面上所有的专业监控软件都具备此种功能，就是通过在计算机的监控软件界面的监控图像中绘制触发点，或者触发区域，一旦有移动的物体，如人或动物经过该触发点或触发区域时，软件自动进行视频录制。平时公路交通中，道路违法拍照系统就是利用的这种技术。不过购买专业的监控软件都需要付费，一些付费购买的视频录制软件也具备这项功能。

问：考勤机中的各种数据是如何输入的？可以修改吗？

答：购买考勤机时，通常都附带有专业的管理软件，各种考勤数据就是通过管理软件进行输入和输出的。只要购买了考勤机，厂商通常会附带安装管理软件，通过设置用户和密码就可以对其中的数据进行修改和管理。

拓展知识

1. 安防系统

安全防范系统（Security & Protection System，SPS）是以维护社会公共安全为目的，运用安全防范产品和其他相关产品所构成的入侵报警系统、视频安防监控系统、出入口控制系统、BSV液晶拼接墙系统、门禁消防系统、电路防爆安全检查系统等；或由这些系统为子系

项目九　办公安防设备

统组合或集成的电子系统或网络。本课中的UPS属于电路防爆安全检查系统，考勤机属于出入口控制系统，摄像头属于视频安防监控系统。

2. 监控摄像头

监控摄像头是一种半导体成像器件，具有灵敏度高、抗强光、畸变小、体积小、寿命长、抗震动等优点。监控摄像机安全防范系统中，图像的生成当前主要是来自CCD摄像机，也可将存储的电荷取出使电压发生变化，具有抗震动和撞击的特性而被广泛应用。监控摄像头和普通的摄像头有如下区别。

- **用途上不同**：首先普通摄像头主要用于录像、摄影等活动，对应于日常生活。而监控摄像机主要用于安全检查、实时监控、调查取证等一系列安防活动。其次，监控摄像机都是远程无线操控，而普通摄像头则不是。

- **功能上不同**：普通摄像头主要作用对象的指向性是明确的，一般是在对方知情的情况下进行的。而监控摄像机主要适用于实时监控，一般是在对象不知情或者半知情的情况下进行的。

- **配置上不同**：监控摄像机为了适应安防需要，通常比普通摄像头像素和分辨率要高，且部分产品具有抗强光、抗振动、夜视功能。同时，监控摄像机最大的优势在于后台可加装多种软件，以供安防需要，如人脸识别、自动跟踪、过滤系统、视频存储压缩功能。总之，监控摄像头必定在配置各方面要优于普通摄像头。

- **作用上不同**：监控摄像机的监控距离、角度、抗干扰能力都高于普通摄像头。客户可根据要求去定制不同观测角度，不同观测距离的摄像头。无论刮风下雨还是阳光曝晒的情况下，都能完成监控。

课后练习

（1）为公司选购一款UPS，并说明选购的原因。

（2）使用人脸识别考勤机进行日常考勤。

（3）为公司所有的计算机都配置摄像头，录制每天上班的视频。

项目十
其他办公设备

情景导入

小白：秀姐，我到公司都半个多月了，学习了好多办公设备的使用和操作，应该能胜任现代办公室的职务了吧？

阿秀：不错，你是认识和熟悉了不少办公设备，但是那还不行，社会在不断发展，各种机械设备也在不断更新和换代。

小白：我知道了，我会努力学习的。

阿秀：正好今天我有时间，再给你讲讲其他一些办公中用处较大的设备。

小白：太好了，我们开始吧。

学习目标

- 认识其他一些办公设备
- 熟悉装订机的选购、使用和维护方法
- 熟悉碎纸机的选购、使用和维护方法
- 熟悉录音笔的选购、使用和维护方法

技能目标

- 掌握各种办公设备的使用方法
- 能熟练使用办公的各种电子机械设备

任务一 使用与维护装订机

装订机是通过机械的方式（手动或自动）将纸张、塑料、皮革等用装订钉或热熔胶，尼龙管等材料固定的装订设备。按照不同的用途可分为工业用装订机和民用装订机，常用于印刷厂、企事业单位财务办公、档案管理等领域。下面具体介绍其使用和维护方法。

一、任务目标

本任务将认识装订机，然后学习选购、使用、维护装订机的相关知识。通过本任务的学习，可以掌握装订机的基本操作，同时对选购和维护装订机有一个基本的了解，并能排除装订机的常见故障。

二、相关知识

（一）认识装订机

装订机在办公中使用还是比较广泛的，特别是财务和档案部门，甚至有专门的财务装订机类型。装订机广泛应用于银行、证券、保险、电信、学校、机关、企事业单位等财务凭证、票据、账页、报表、档案、期刊、文件、图纸、试卷、书籍纸张的装订工作。

1. 类型

装订机的产品类型按照所采用的装订方式，市场上一般有热熔式装订机、梳式胶圈装订机、铁圈装订机、订条装订机等。

● **热熔式装订机**：这种装订机的工作原理是把热熔封套（就是一种加热就会熔化的树脂）装在热熔装订机上熔化，再在把书压好装在那里，等树脂再凝固，就把书装订上了。其优点是操作简单、速度快、耗材成本低、式样精美等，属于不可拆卸型，适用于中小型的文印中心、中小型的办公文件装订，以及会计事务所、审计事务所等单位。平常所说的"过塑"就是使用这种机器装订，如图10-1所示。

● **梳式胶圈装订机**：是通过手工打孔并使用胶圈装订文档的机器，是所有装订机中，使用成本最低的一种，简单、易拆卸，可多次重复装订使用；比较适用于小型办公室或一般会议文件的装订，以及小型的文印社，如图10-2所示。

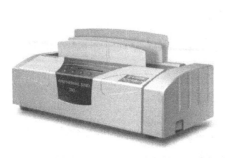

图10-1 热熔式装订机

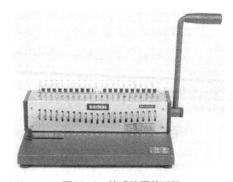

图10-2 梳式胶圈装订机

● **铁圈装订机**：一般分为2:1（21孔）和3:1（34孔）两种。其中以3:1铁圈装订机装订效果较为精致，适合装订较薄的文本，适用于一般的设计院、规划局或中小型文印中心；而2:1型则适合装订较厚的文件，如图10-3所示。

● **订条装订机**：又称十孔夹条装订机，操作简单、装订整齐、美观大方，适合各种场合使用。常见的图文店装订方式之一，如图10-4所示。

图10-3 铁圈装订机

图10-4 订条装订机

知识补充

因为装订机是将纸张、塑料、皮革等用装订钉或热熔胶等固定的机器。所以整个操作过程可以初步分为打孔、截管、穿管、压铆等几个步骤。根据装订机操作过程的自动化程度可以分为手动装订机、半自动装订机、电动压铆（自动）装订机、全自动装订机。

● **半自动装订机**：采用电机打孔、自动截管、手动穿孔、手动压铆的工作方式。
● **自动装订机**：采用电机打孔、自动截管、手动穿孔、电机压铆的工作方式。
● **全自动装订机**：打孔、截管、穿管、压铆等全部步骤一键完成。

2. 外部结构

在办公中最常用的就是梳式胶圈装订机，其外部结构如图10-5所示，各部分名称见表10-1。

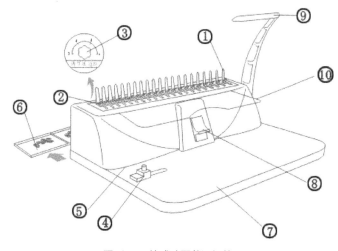

图10-5 梳式胶圈装订机外观

表 10-1　梳式胶圈装订机

号码	名称	号码	名称	号码	名称	号码	名称
①	梳状板	④	定位块	⑦	底座	⑩	托纸架
②	拉环板	⑤	进纸口	⑧	测纸器		
③	调节旋钮	⑥	纸屑盒	⑨	手柄		

（二）选购装订机

选购装订机需要注意以下几点。

- **装订规格**：装订规格是指最大打孔宽度和打孔面积，也就是一个装订过程中所用的装订针孔之间的最大宽度和一个针孔的面积。
- **装订厚度**：装订厚度就是装订机所能装订的文件的厚度，一般以毫米（mm）为单位，但也有些产品是以装订页数（张数）来度量的。一般的装订机所能装订的厚度多在20~50mm，也有特殊要求70mm的，或是400~700页。普通的应用可选择20mm的产品。有特殊需要的可选择装订厚度更大的产品。
- **产品的稳定性**：主要是考察产品的质量及售后服务，它是机器使用寿命及机器在使用过程中任何故障的有力保障。应选购具有国家检验合格和售后服务优良的产品。

三、任务实施

（一）使用装订机

下面就以比较常用的梳式胶圈装订机为例，介绍其使用方法，其具体操作如下。

STEP 1　根据装订文件的大小，设置纸块和装订的边距位置，插入文件，如图10-6所示。

STEP 2　插入文件后，将手柄下压，然后抬起手柄，如图10-7所示。

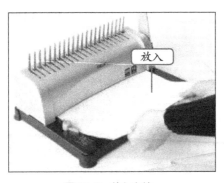

图10-6　放入文件

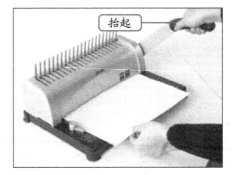

图10-7　抬起手柄

STEP 3　将胶圈放置到梳状板后面，开口向上，如图10-8所示。

STEP 4　向后推手柄，拉开胶圈，如图10-9所示。

STEP 5　将打孔后的文件套在胶圈上，如图10-10所示。

STEP 6　将手柄拉回，完成文件的装订操作，如图10-11所示。

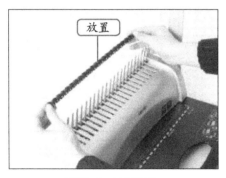

图10-8 放置胶圈

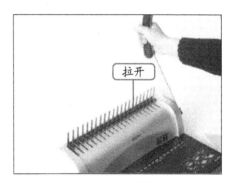

图10-9 拉开胶圈

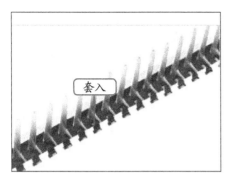

图10-10 套入文件

图10-11 完成装订

（二）装订机的日常维护与保养

装订机的日常维护与保养需要注意润滑和正确使用两个方面的工作。

1. 润滑

为了保证装订机正常运转，减少磨损、保护精度、延长使用寿命，必须合理地使用和经常系统地润滑、维护和保养机器。所有的传动部件每星期加一次润滑油，小心擦去溢出的油，以免裁切时污染纸张。每一个月凭证装订机就要打开并在下面加油，所有的传动部件都要润滑，但必须小心地确保油不能注在电器设备的接点上或接线上。

2. 正确使用和注意事项

每次现场维护时，均应对装订机进行常规功能检查，主要包括以下几个方面。

● 装订机在修理、调整、加油、揩试、检查时必须先将电源切断，以免危险。

● 工作时工作台上不要放置油壶、工具等任何不相干的物品。

● 开机后如果发生意外情况，有不正常的响声或卡住等现象时，必须立即停机检查原因。

● 机器运转中严禁把手伸进切刀的后部，即使在停机的情况下，严禁手在刀下进行换刀调整等工作。

● 装订完成后，请关闭电源，清理剔纸盒，清洁操作台，妥善保管物品。

（三）排除装订机常见故障

装订机出现故障最好由专业人员排除，一些简单故障现象和解决办法见表10-2。

表 10-2　排除装订机常见故障

故障现象	故障分析	故障排除
打孔太费力	纸张太厚，纸张太硬	减少张数至规定范围
纸张打不透	电源开关是否打开	打开电源开关
取纸困难或挂纸	手柄未抬至最高处	将手柄抬至最高处
纸张放不到位	进纸口有纸屑，手柄未抬至最高处	清除纸屑，将手柄抬至最高处

任务二　使用与维护录音笔

录音笔也称为数码录音笔或数码录音机，是一种通过数字存储的方式来记录音频的数字录音器，为了便于操作和提升录音质量制作成类笔形状。下面具体介绍其使用和维护方法。

一、任务目标

本任务将认识常见的录音笔，然后学习选购、使用、维护录音笔的相关知识。通过本任务的学习，可以掌握录音笔的基本操作，同时对选购和维护录音笔有一个基本的了解，并能排除录音笔的常见故障。

二、相关知识

（一）认识录音笔

数码录音笔通过对模拟信号（主要是音频信号）的采样、编码将模拟信号通过数模转换器转换为数字信号，并进行一定的压缩后进行保存。录音笔除了可以广泛应用于各种办公领域外，学生的学习生活中同样适用。

1. 主要功能

录音笔的主要功能就是录音，除此以外还有很多辅助和扩展功能，如MP3、复读、移动存储等。

● **声控录音**：可以在没有声音信号时停止录音，有声音信号时恢复工作，延长了录音时间，也更省电，相当有用。

● **电话录音**：指数码录音笔可以通过专用的电话适配器，将数码录音笔与电话连接起来，可以十分方便地记录通话内容，并且录音效果良好。

● **MP3播放**：只要将MP3文件存储到录音笔的内存中，再结合耳机线或是机体内置的音源，用户就可以像MP3那样听到自己喜欢的音乐。

● **FM调频**：即数码录音笔本身支持FM收音机功能。

● **数码相机**：录音笔除了录音之外，还可以拍摄静态、动态的图片，作为录音笔的一项新式的附加功能，也是录音笔的发展方向。

● **定时录音**：根据实际需要，预先设定好开始录音的时间，一旦满足条件，录音笔自动开启录音功能。适合在一些特殊的场合、条件下使用。

● **外部转录**：通过音频线，将数码录音笔与传统的录音机连接，将原先在磁带上的模拟信息转换成数字信息，也可以通过USB接口和计算机交换信息。

● **编辑功能**：除了移动、复制、删除等常规功能之外，还可以实现文件的拆分和合并，为文件的管理提供了方便。

2. 主要结构

录音笔的结构比较简单，主要分为正面、侧面和背面3个部分，下面以三星YP-VP1录音笔为例，如图10-12所示。

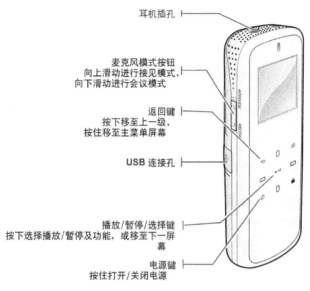

①侧面结构

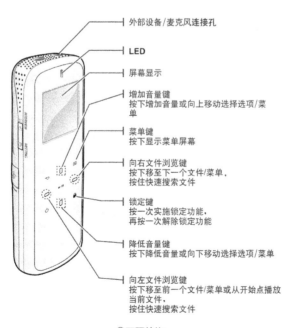

②正面结构

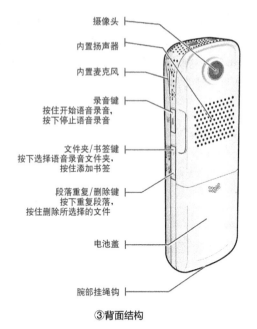

③背面结构

图10-12　录音笔主要结构

（二）录音笔的主要性能指标

作为录音设备，除了录音时间的长短，还有以下几个能表现录音笔性能的参数指标。

● **录音时间**：内存为1G的数码录音笔的录音存储时间在都在20~272h，电池连续工作时间一般在2~26h，可以满足大多数人的需要。不过需注意的是，如果很长的录音时间是由于其通过使用了高压缩率获得的话，往往会影响录音的质量。

● **电池时间**：大部分数码录音笔都用内置锂电池，有的老款录音笔采用7号电池或钮扣电池，采用普通电池的好处是可以更换，但是体积相对来说要大些；钮扣电池的录音笔一般是用作促销礼品等，一次性或短时间录音。

● **音质**：通常数码录音笔的音质效果比传统的录音机要好一些。录音笔通常标明有SP、LP、HQ等录音模式，LP（LongPlay）即长时间录音，压缩率高，通过牺牲了一定的音质的情况下来延长录音的长度，一般可以将录音的时间长度延长80%左右。也即以降低音频质量为代价，因此音质会有一定的降低。SP（Standard play）即标准录音时间，这种方式压缩率不高，音质比较好，录音时间适中。HQ（High quilty）即高质量录音，这种录音方式压缩率十分低，音质非常好，但容量比较大，一般适合要求较高的场合使用。

● **存储方式**：数码录音笔都是用内置的闪存来存储录音信息。现在的产品普遍内置了128MB以上闪存，有些高级数码录音笔则提供外置存储卡如CF、SM等，具备相当长的录音时间，同时也方便资料传送，如用读卡器将录音数据快速存入计算机。

（三）选购录音笔

录音笔的选购应该首先注意性能指标，然后还需要注意以下几点。

● **附加功能**：听课录音就要选择变速播放录音文件功能；取证录音的锁定键就很重要；如果录的声音带有隐私性质，最好要选择带密码锁功能的产品；电话录音或手机录音则要了解产品是否带有附加配件，因为另外购买配件会增加预算，如图10-13为常见数码录音笔的主要配件。

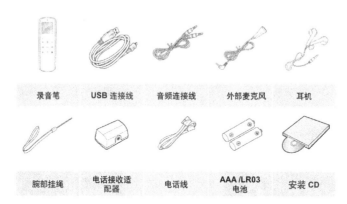

图10-13 录音笔主要配件

● **做工和外形**：录音笔分工程塑料外壳和金属外壳两种，需要经常使用最好选择金属外壳，比较耐磨；外形是越小越好，最好不要超过10cm，太大太长不易携带。

● **售后保修**：当地有保修点的话，且保修点距离自己较近就选择全国联保的产品；对于不方便的话，选择一个信用好的卖家，干脆就让卖家保修好了。

三、任务实施

（一）使用录音笔

录音笔的主要使用是录制音频，下面使用三星YP-VP1录制音频，其具体操作如下。

STEP 1 按箭头方向推开电池盖，按正确极性放入电池，按箭头方向盖上电池盖，如图10-14所示。

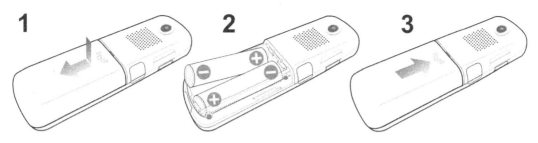

图10-14 安装电池

STEP 2 按开机键开机，如图10-15所示。

STEP 3 找到模式按键，向下滑动，进入会议模式，如图10-16所示。

STEP 4 在主屏幕菜单中选择"语音录音"选项，按"FOLDER"键选择一个文件夹作为语音文件的保存位置，然后按住"REC"键开始录音，如图10-17所示。

STEP 5 在录音过程中按"上""下"键控制音量，如图10-18所示。

图10-15 开机

图10-16 选择模式

图10-17 开始录音

图10-18 调整音量

操作提示

在电源关闭的情况下，按住"REC"键不放，则录音笔自动开启电源，并且开始录音。

（二）录音笔的日常维护与保养

录音笔的日常维护与保养主要包括以下几项。

● **屏幕的保养**：这个是一个重要的方面，因为屏幕直接关系着我们的视觉，如果屏幕在显示的时候有问题，那么在使用的时候就有可能会出现一些障碍了。

● **机身清洁保养**：主要体现在防灰尘、防刮伤等（如果要是刮伤了，可以试试用牙膏擦除掉）。

● **录音笔接口的保养**：有USB接口、充电接口、内存卡接口等。如果录音笔的这些接口出现刮花或者损耗，会对以后的使用造成很大的麻烦。

● **电池的保养**：如果电池使用得当的话，使用个两年都不会有问题。如果使用不当，没有保养好，就有可能会出现电池续航能力下降等问题。

● **防潮**：在平时不使用的时候，一定要把录音笔放置在通风干燥处，避免潮湿与阳光的暴晒。

（三）排除录音笔常见故障

录音笔机同样会出现各种问题，表10-3为录音笔常见故障的排除方法。

表 10-3　排除录音笔常见故障

故障现象	故障分析与排除
不能开机	电池电量不足。需要更换电池
	电池极性装反。重新按住电池
按键无反应	检查是否 HOLD 功能设置锁定所有按键操作
	检查是否按了正确的按键，重新按
屏幕不亮	检查是否关闭了屏幕。按任意键开始屏幕显示，或检查设置
	在阳光直射情况下，屏幕亮度可能不够
无法连接计算机	检查 USB 连线是否正确连接。重新连接
	检查是否正确安装录音笔驱动程序。重新安装
电源关闭	检查电池电量是否足够
	检查是否设置待机模式自动关闭电源。打开录音笔
不能播放	检查是否保存的是与录音笔不兼容的音频文件格式
	检查播放的音乐文件是否已经损坏
	检查电池电量是否足够
不能上传文件	检查 USB 连线是否正确连接。重新连接
	检查录音笔的内存空间是否足够

任务三　使用与维护碎纸机

　　碎纸机是由一组旋转的刀刃、纸梳和驱动电机组成的，纸张从相互咬合的刀刃中间送入，被分割成很多的细小纸片，以达到保密的目的。下面具体介绍其使用和维护方法。

一、任务目标

　　本任务将认识碎纸机，然后学习选购、使用、维护碎纸机的相关知识。通过本任务的学习，可以掌握碎纸机的基本操作，同时对选购和维护碎纸机有一个基本的了解，并能排除碎纸机的常见故障。

二、相关知识

（一）认识碎纸机

　　碎纸机有两大主要部件"切纸刀"和"电动电机"，之间通过皮带和齿轮使之紧密地连接在一起，电机带动皮带、齿轮，把能量传送给切纸刀，而切纸刀通过转动，用锋利的金属角把纸切碎。

1. 主要性能指标

　　碎纸机主要有7大特性，分别是碎纸方式、碎纸能力、碎纸效果、碎纸速度、碎纸宽度、碎纸箱容积，以及其他特性。

- **碎纸方式**：是指当纸张经过碎纸机处理后被碎纸刀切碎后的形状。根据碎纸刀的组成方式，现有的碎纸方式有碎状、段状、沫状、条状、粒状、丝状等。

- **碎纸能力**：是指碎纸机一次能处理的纸张厚度及纸张最大数目。一般碎纸效果越好其碎纸能力则相对差些，如某品牌碎纸机上标称碎纸能力为A4，70g，7~9张，就是说明该碎纸机一次能处理切碎厚度为70g的A4幅面的纸7~9张。

- **碎纸效果**：是指纸张经过碎纸机处理后所形成的废纸的大小，一般是以毫米（mm）为单位的。粒、沫状效果最佳，碎状次之，条、段状相对效果更差些。

- **碎纸速度**：也就是碎纸机的处理能力，一般用每分钟能处理废纸的总长度来度量，如3m/min，表示每分钟可处理的纸张在没有切碎之前的总长度。

- **碎纸宽度**：就是碎纸机所要切碎的纸张在没有进入碎纸机之前的最大宽度，也就是指碎纸机所能容许的纸张的宽度。通常要切碎的纸张要与切口垂直输入，否则整行文字有可能完整保留，资料尽露；另外如果入纸口太细，纸张便会折在一起，降低每次所碎张数，且容易引至纸塞，降低工作效率。

- **碎纸箱容积**：是指盛放切碎后废纸的箱体体积。碎纸机生成的碎片存放于下列容器中的一种：低端的碎纸机一般放置于废纸篓的上方，这样切割完的碎片就简单地放置在废纸篓里；稍微贵一些的产品则自带废纸篓（碎纸箱）。

- **其他特性**：指的是碎纸机除了本身应具有的功能外，与一般的碎纸机相比不同之处，如采用超级组合刀具，可碎信用卡、书钉；精密电子感应进/退纸功能。有些产品还具有超量/超温/过载/满纸/废纸箱开门断电装置，机头提起断电保护系统，全自动待机/停机/过载退纸等。

2. 主要结构

碎纸机的结构比较简单，下面以得力7912为例，其结构如图10-19所示，其各具体组成如图10-20所示。

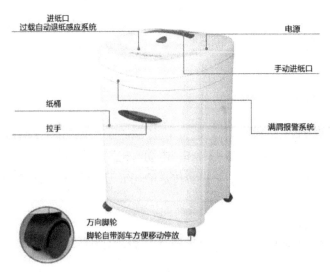

图10-19　碎纸机外观

底部
万向脚轮，任意移动，脚轮自带刹车
更方便移动和停放

控制面板
各控制按键

纸屑盒
纸屑桶容量20L，碎纸桶可独立抽出清洗

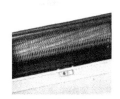

碎纸刀
三木特殊工艺制作，经久耐用

图10-20　碎纸机组成

（二）选购碎纸机

购买碎纸机需要考虑的主要方面包括处理对象的材质、处理纸张量、公司的保密等级。

- **处理对象的材质**：绝大多数碎纸机是设计成处理纸张的，最好选择入口比较宽大的型号，这样纸张能够直接进入机器进行处理。还有一些碎纸机能够处理更多的东西，如信用卡、录像带、软盘等。

- **碎纸机能够处理的纸张量**：这是另外一个需要考虑的因素。这方面的关键因素是单位纸张量，也就是一次能够吞进处理的纸张量，另外还有处理速度。因为碎纸机并不是设计成总在最大容量下运行的状态，所以选购时最好考虑那种容量比需要的大25%左右的型号，这样可以避免机器的损坏。

- **保密等级**：在选择合适的安全等级时，除了实际的保护要求和保密等级外，储存密度和/或信息呈现在数据媒体上的尺寸，而且数据媒体它自身的类型也一定要加以考虑。如果材料的颜色或其他特性很容易重组数据，有必要的话，那就应该选择更高级别的安全等级。保密等级从小到大分为5级，第5级的标准为碎纸不超过2×15（mm），可还原概率低于0.01%，保密度99.99%。

三、任务实施

（一）使用碎纸机

碎纸机的操作非常简单，无论是纸、光盘、信用卡，其操作方法完全相同，其具体操作如下。

STEP 1　按照机器电压规格，接通220V电源，将碎纸机的电源插头插入外接电源中，如图10-21所示。

STEP 2　按下电源开关按钮，指示灯亮绿色，将废纸放入手动（或自动）进纸口即可开始碎纸/碎卡，如图10-22所示，碎完后自动待机，等待下一次碎纸/碎卡。

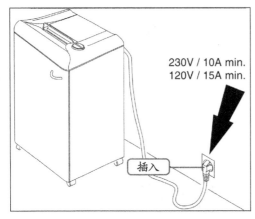

230V / 10A min.
120V / 15A min.

插入

图10-21　连接电源

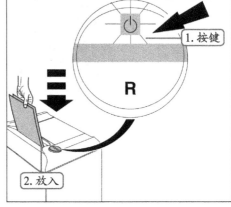

1.按键

R

2.放入

图10-22　开始碎纸

（二）碎纸机的日常维护与保养

碎纸机的日常维护与保养需要注意日常使用和机器的保养两个方面。

1. 使用注意事项

碎纸机的使用应该注意以下几个方面的内容。

● 请将机器放置在平稳的地方，请注意不要翻倒。

● 切勿以任何方式自行分解、改造、修理机器。

● 切勿湿手操作电源插头。

● 倒粉碎物、移动或在一段时间不使用该机器时，请拔下插头，切断电源。

● 请勿向机器泼水。

● 请勿放在加热或制冷的机器旁，高温多湿，灰尘密集的地方使用。

● 请勿损伤或加工电源线，勿在电线上放置重物。

● 如有冒烟或异臭等异常情况时，请立即切断电源，中止使用。

● 如机器本体或电源线有任何破损，请勿使用。

2. 日常保养

碎纸机的保养包括以下几个内容。

● 机器内刀具精密、锐利，使用时注意，请勿将衣角、领带、头发等卷入进纸口以免造成意外损伤。

● 碎纸桶纸满后，请及时清除，以免影响机器正常工作。

● 请勿放入碎布料、塑料、硬金属等。

● 为了延长机器寿命，每次碎纸量应低于机器规定的最大碎纸量为宜，没说明碎光盘、磁盘、信用卡的机器，请勿擅自放入机器碎。

● 清洁机器外壳，请先切断电源，用软布蘸上清洁剂或软性肥皂水轻擦，切勿让溶液进入机器内部，不可使用漂白粉、汽油或稀液刷洗。

● 请勿让锋利物碰到外壳，以免影响机器外观。

（三）排除碎纸机常见故障

一旦碎纸机出现故障时，可以按照表10-4所示的方法进行解决，如果无法排除故障，再联系厂商售后服务。

表 10-4　排除碎纸机常见故障

故障现象	故障分析	故障排除
机器不工作	电源插头未插好，无电源	插好电源
	供电电压过低	提供额定电压
	纸屑桶未推入指定位置	重新放置纸屑桶
	机器因长时间工作，进入电机过热保护状态	等待机器自然冷却
	纸屑桶已满	清倒纸屑
	过载负荷未解除	适当减少纸张，重新放入碎纸口
机器堵转	卡纸	将过量的纸张退出
机器转动不停	进纸口光敏管处有纸屑或者异物	清除干净

实训一　使用录音笔进行电话录音

【实训要求】

本实训将使用录音笔连接电话进行实时录音，通过实训进一步学习录音笔的相关知识。

【实训思路】

本实训首先要连接录音笔和电话，然后在接听电话时进行实时录音。图10-23所示为录音笔连接电话的思路。

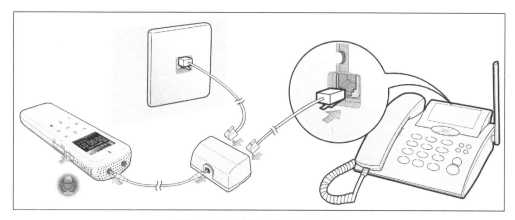

图10-23　录音笔连接电话实时录音

【步骤提示】

STEP 1 使用音频连接线连接电话插头与电话录音适配器。

STEP 2 使用电话连接线连接电话与电话录音适配器。

STEP 3 连接电话连接线到电话录音适配器。

STEP 4 在录音笔主菜单屏幕中选择"语音录音"的相关选项。

STEP 5 选择存放录音的文件夹。

STEP 6 在开始电话通话时，按住"REC"键开始录音。

STEP 7 再次按下"REC"键停止录音。

实训二 使用录音笔录制MP3播放器中的音频

【实训要求】

本实训将使用录音笔连接MP3播放器，录制其中的音频文件。

【实训思路】

本实训首先连接录音笔和MP3播放器，然后录制MP3播放器中的音频。本实训的思路如图10-24所示。

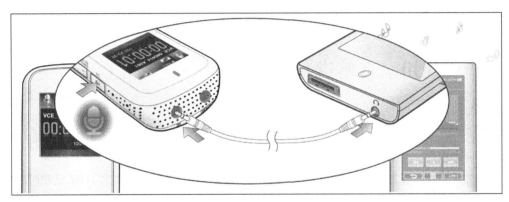

图10-24　录音笔连接MP3播放器录音

【步骤提示】

STEP 1 使用音频连接线连接MP3播发器与录音笔的外部连接孔。

STEP 2 在录音笔主菜单屏幕中选择"语音录音"的相关选项。

STEP 3 选择存放录音的文件夹。

STEP 4 按下MP3播放器的播放键，开始播放音乐。

STEP 5 按住"REC"键开始录音。

STEP 6 再次按下"REC"键停止录音。

常见疑难解析

问：录音笔哪个品牌的好用？

答：录音笔日系品牌的普遍性价比较高。如果要专业的，可以考虑飞利浦的，国产的一般用还好，然后有个TASCAM的牌子，英文水平不错的话使用这个也挺好。

问：办公室要买碎纸机，发现种类太多不知道买什么好？

答：根据具体需要，看要处理的文件多少、材质是怎么样。品牌的挑选还是推荐买科密之类的大品牌更有保障。另外，办公室用，最好选择比较静音的，最好购买前试用一下，如果工作时间比普通的碎纸机长，碎纸效果也比较理想，就可以考虑选购。

问：办公设备如果不会使用，该怎么办？

答：3个办法，一是看使用说明书；二是请产品售后服务人员讲解；三是认真学习本书的各章节。

拓展知识

1. 财务装订机

财务装订机是一类广泛应用于企事业单位的财务凭证、票据等装订的装订设备。财务装订机经过多年技术升级和结构优化，发展出了自动财务装订机、全自动财务装订机、高智能财务装订机等类型，如图10-25所示，使财务票据的装订工作实现了自动化智能化，大大减轻了财务人员装订工作的工作量，广泛应用于银行、证券、保险、电信、学校、机关及企事业单位等财务凭证、票据、账页、报表、档案、期刊、文件、图纸、试卷、书籍纸张的装订工作。

图10-25 财务装订机

根据财务装订机操作过程的自动化程度可以分为：手动装订机、半自动装订机、电动压铆（自动）装订机、全自动装订机。

● **手动装订机**：采用手柄下压打孔、自动截管、手动穿孔、手动压铆的工作方式。

● **半自动装订机**：一键完成打孔、自动截管、手动穿孔、手动压铆的工作方式。

● **电动装订机**：采用电机打孔、自动截管、手动穿孔、手动压铆的工作方式。

● **自动装订机**：打孔和截管一键完成，手动穿孔，压铆一键完成的工作方式。

● **全自动装订机**：打孔、截管、穿管、压铆等全部步骤一键完成。

2. 验钞机

验钞机也叫点钞机，是一种检验钞票真伪的机器。按照钞票运动轨迹的不同，点钞机分为卧式和立式点钞机。辨伪手段通常有荧光识别、磁性分析、红外穿透3种方式。便携式验钞机又分为便携台式激光验钞机和便携式掌上激光验钞机两种。图10-26所示为常见的卧式验钞机。

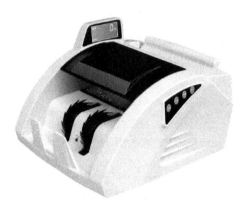

图10-26 验钞机

选购验钞机需要注意以下几点。

- **进接钞容量：**指清点钞票时，验钞机一次最多接收多少张钞票进入验钞机，以及钞票完全被清点以后验钞机的接钞箱最多能容纳多少张钞票。一般情况下，进钞和接钞容量是相同的，但也有接钞容量远大于进钞容量的验钞机。因为这样可以减少钞票从接钞箱取出的次数，提高工作效率。

- **验钞速度：**指验钞机验钞的速度，一般定义为每分钟验钞机所验钞票的数量（张/分）。现在市面上点秒机的验钞速度多在每分钟1000张左右，这样速度的验钞机主要用于钞票点数，适用于银行、证券、商业等部门清验钞票用，也可以清点类似纸币的证券和纸张的数量。小型超市和其他单位可选用每分钟600张左右的产品。

- **鉴伪技术：**常用的有6种鉴别方式，可以鉴别夹张、重张、连张、残币——缺角、半张、粘纸、涂写、油污等非正常状态的纸币，综合起来可以上升为面额汇总的全智能验钞机。

课后练习

（1）为公司选购一款碎纸机，并说明选购的原因。

（2）使用录音笔录制老师的一节课。

（3）使用装订机装订一份个人简历。